HAYMON
verlag

Christoph W. Bauer

Trotta und ich

Pariser Depeschen, Reportagen, Porträts

Im Blick versunkene Landschaften

I

Heute spaziert Trotta plötzlich wieder aus dem Bücherregal und baut sich vor mir auf. Ob ich mich immer so bitten lasse, schnauzt er mich an. Ich erinnere das Gespräch
vor drei Wochen, druckse ein wenig herum, hätte momentan einfach unerwartet viel zu tun und ... – Das interessiere ihn nicht, unterbricht er mich. Er wolle nun endlich
vor seinen Schöpfer treten. Wir müssten erst die Flüge
buchen, entgegne ich, außerdem ... – Das habe er längst
getan, erwidert Trotta knapp.

„Das Kennzeichen des Aristokraten ist vor allem anderen der Gleichmut", dieser Satz fällt mir ein, während
Trotta mich barsch auffordert, ihm zu folgen. Etwas zöger-
lich komme ich seiner Aufforderung nach, ahne zugleich,
dass der Weg, auf den er mich schicken will, in die gleiche Richtung führt wie jener, auf dem ich mich seit mehr
als einem halben Jahr befinde. In Trottas Blick spiegelt
sich unversehens das Umherirrende und Strauchelnde,
zwischen Auflehnung, Erstaunen, Demut und Bestür-
zung Pendelnde, das all jene Menschen eint, die ich in
den vergangenen Wochen, Monaten und Jahren in England
und Israel kennenlernen durfte. Ich war mit einem Projekt-
team unterwegs gewesen, um die letzten noch lebenden
Zeitzeugen aufzusuchen, die 1938 aus Innsbruck vertrie-
ben worden waren. Die Recherche hatte uns nach London, Manchester, Plymouth, Haifa, Tel Aviv und Netanja
geführt, und stets hatte ich eines der Bücher von Joseph
Roth in meinem Reisegepäck.

Heimat und deren Verlust, die Tage ausgefüllt mit
Begegnungen, die Abende und Nächte mit Roth'schen

Sätzen. Trotta zieht mich immer tiefer hinein in einen Blick, der zur Klammer meiner Gedanken wird, schon steige ich die *Kapuzinergruft* hinab und komme an im Paris des Jahres 1939.

*

Paris, 6. Arrondissement, auf dem Boulevard Saint-Germain, Trotta hat es eilig, ich kann ihm kaum folgen. Vorbei am *Café de Flore*, wo sich die Pariser Avantgarde des 20. Jahrhunderts getroffen hat. Charles Maurras soll in den 20er-Jahren über dem Café gewohnt und gearbeitet haben, keuche ich, Trotta rümpft entrüstet die Nase. Rasch will ich davon ablenken, gerade einen der aktivsten Anti-Dreyfusards und Vordenker des nationalistischen Frankreich genannt zu haben, und schaue deshalb auf die gegenüberliegende Straßenseite zum *Les Deux Magots*: Hier gingen Verlaine, Rimbaud und Mallarmé ein und aus, Breton, André Gide, Jean-Paul Sartre und Simone de Beauvoir. Auch Hemingway, Camus und Picasso seien oft in diesem Café zu Gast gewesen, füge ich hinzu. Trotta seufzt, er packt mich am Handgelenk, zieht mich weiter.

Rechts ab in die Rue de Seine, aus dem *Maison Mulot* tritt eine Gruppe von Touristen. The filling was wonderful and creamy, höre ich eine Dame sagen, und bedeutungsschwer fügt ein Herr mit Baseballmütze hinzu: I tried lots of flavored macarons in Paris – hands down, the best ones were at *Maison Mulot*.

Gerne würde ich mich auch davon überzeugen, doch Trotta – immer zielstrebiger wird sein Schritt, wir erreichen die Rue de Tournon, steuern geradewegs auf den Jardin du Luxembourg zu. Kurz vor dem Eingang zum ehemaligen Schlosspark bleibt Trotta unvermittelt stehen, er lässt meine Hand los und streckt den Arm aus.

Mein Blick gleitet von seiner Schulter zum Ellbogen, dann den Unterarm entlang zur Fingerspitze: Sie zeigt auf das Café *Le Tournon*.

*

Ich betrachte die Fassade des Gebäudes, ein schmaler Bau, der aufgrund der geringeren Anzahl an Etagen im Häuserensemble auffällt. Auf Höhe des ersten Stockwerks eine Gedenktafel: ICI A RÉSIDÉ JOSEPH ROTH, lese ich, HOMMAGE DE SES AMIS AUTRICHIENS.

Über dem *Tournon* befanden sich einst die Räumlichkeiten des *Hôtel de la Poste*, das zwölf Zimmer und ein einziges Bad zählte. Das Haus wurde von Madame Alazard geführt, a darkly handsome French-woman who runs things like a tough but affectionate drill sergeant, so wird sie in einer Ausgabe der Zeitschrift *Ebony* beschrieben. Der Artikel handelt von den Pariser Jahren des Schriftstellers Richard Wright, der mit seinem 1954 erschienenen Buch *Black Power* das Schlagwort der 60er-Jahre prägte. Ein weiterer Satz aus dem Artikel ist mir in Erinnerung geblieben: Madame Alazard is aware of all the romances and the scandals, the hopes and blasted hopes.

An Hoffnungen, und noch so verdammten, litt Roth keinen Mangel und für einen Skandal war er immer zu haben. Einmal geriet er bei der Lektüre eines Manuskripts wohl derart in Rage, dass er mit dem Text des Kollegen auf der Toilette verschwand, um ihn dort zu zerreißen und hinunterzuspülen. Doch das Unterfangen misslang, ein Handwerker musste geholt werden, der das verstopfte Klo schnellstmöglich wieder funktionstüchtig machte, damit der Bistrobetrieb aufrechterhalten werden konnte. Dennoch wurde Roth von Alazard geliebt und bemuttert, während ihr Mann, der Patron, den Emigranten hasste, ihn jedoch als großen Konsumenten sowie Zugkraft für weitere Flüchtlinge tolerierte, bescherten sie dem Hotel und Bistro doch Umsätze.

Roths Tisch im Bistro soll ein offenes Haus gewesen sein, hier traf er Freunde, Bekannte und Verhandlungspartner, in seiner ‚Republik Tournon‘, wie er diesen Teil des Quartier Latin nannte.

Vor dem Café ein paar Tische und Stühle.

*

„Ich saß neben ihm draußen vor dem Bistro und sah zu, wie sie drüben an der anderen Seite der Terrasse die letzten Reste des *Hôtel Foyot* demolierten. Als er mit dem Schreiben fertig war, las er mir den Aufsatz vor“, hält Soma Morgenstern in seinen *Erinnerungen* fest. Ein Kind der Habsburger Monarchie, aus dem Königreich Galizien und Lodomerien stammend, Journalist und Schriftsteller und aufgrund der jüdischen Herkunft in die Emigration getrieben, verband ihn mit Roth eine fast dreißigjährige, sehr wechselvolle Freundschaft, die vor allem durch Roths Trunksucht in den letzten Monaten seines Pariser Exils auf harte Proben gestellt wurde.

Ich versuche, mir die beiden vorzustellen, und wie Roth seinem Freund nun die Zeilen vorliest:

„Gegenüber dem Bistro, in dem ich den ganzen Tag sitze, wird jetzt ein altes Haus abgerissen, ein Hotel, in dem ich sechzehn Jahre gewohnt habe.“ Ich schaue kurz auf. „Vorgestern abend stand noch eine Mauer da, die rückwärtige, und erwartete ihre letzte Nacht.“ Hier also stand es, das *Foyot*. „Jetzt sitze ich gegenüber dem leeren Platz und höre die Stunden rinnen. Man verliert eine Heimat nach der anderen, sage ich mir. Hier sitze ich am Wanderstab. Die Füße sind wund, das Herz ist müde, die

Augen sind trocken. Das Elend hockt sich neben mich, wird immer sanfter und größer, der Schmerz bleibt stehen, wird gewaltig und gütig, der Schrecken schmettert heran und kann nicht mehr schrecken. Und dies ist eben das Trostlose."

Der Platz ist jetzt asphaltiert, ein breites Trottoir angelegt. Ein paar Fahrräder lehnen an den Laternen, ein Zeitungskiosk, auch ein Wartehäuschen für den Bus sehe ich und Telefonzellen mit abgerissenen Hörern.

Gerade die letzte gemeinsame Zeit ist es, der Morgenstern in seinen Memoiren viel Raum widmet. Dabei schafft er es, die innere Zerrissenheit seines Freundes und zugleich die vieler Vertriebener in unaufgeregtem Ton darzustellen. Ihm selbst, der am Tag der Annexion Österreichs nach Paris floh, gelingt 1941 über Marseille, Casablanca und Lissabon die Flucht nach New York. Hier bleibt er bis zu seinem Tod 1976, weder von österreichischer Seite zur Heimkehr aufgefordert noch willens, in seine Heimat zurückzukehren.

Die Begegnungen in England und Israel kommen mir in den Sinn. Für die aus Innsbruck Vertriebenen gab es ebenfalls kein Zurück. Wohin auch? Ließ sich das Genommene denn überhaupt noch Heimat nennen?

*

Ziellos streune ich durch das 6. Arrondissement, das seinen Namen der ältesten Kirche von Paris verdankt, Saint-Germain-des-Prés. Mehr oder weniger als Fortsetzung des Quartier Latin und am Rive Gauche gelegen, zieht es sich von der Seine bis zum geschäftigen Boulevard de Montparnasse. Seit vielen Jahrzehnten gilt es als Viertel der Kunst, Politik und Wissenschaft; im Palais du Luxembourg tagt der französische Senat, der Jardin du Luxembourg ist beliebter Treffpunkt für Touristen, aber auch für Studenten, nicht zuletzt aufgrund der Nähe zur Sorbonne.

Durch die Rue de Condé, die Rue Racine, kurz auf den Boulevard Saint-Michel, dann ab in die Rue de l'Ecole de Médecine bis zur *Pâtisserie Viennoise, depuis 1928* steht auf der Auslage, ich erblicke in der Vitrine Sachertorten, Apfelstrudel und Wiener Kipferl.

Straßenbezeichnungen lassen sich auswendig lernen, ganze Stadtviertel kann man in sich abspeichern, aber wird man deshalb in ihnen heimisch? Reicht es, vom Bäcker wiedererkannt zu werden, stellt sich ein Heimatgefühl ein, wenn einem die Kellnerin unaufgefordert das obligate Getränk serviert?

Zweifelsohne ist es möglich, einen Ort zu lieben, solange einem die Rückkehr an jenen, mit dem man ihn vergleicht, nicht verwehrt wird. Und so konnte Joseph Roth für mich durchaus nachvollziehbar in einem Brief 1925 aus Paris formulieren: „Wer noch nicht hier war, ist nur ein halber Mensch" und „ich könnte weinen, wenn ich über die Seine-Brücke gehe, zum ersten Mal bin ich erschüttert von Häusern und Straßen, mit allem bin ich heimisch."

Auch ich liebe Paris, London ist mir nicht nur eine Reise wert und an Tel Aviv schätze ich mehr als nur das Nachtleben. Blicke ich aufs Meer, werde ich geradezu euphorisch, egal, ob in Plymouth, Netanja oder Haifa, ich gerate ins Schwärmen, die Worte sprudeln aus mir, wohl fühle ich mich und mit allem –

Heimisch, das Wort geht einem leicht über die Lippen, wenn man die Heimat nicht verloren hat.

*

Trotta hat mich längst eingeholt. Um Haltung ist er bemüht, der Spartaner unter den Österreichern, schweigend läuft er neben mir her, unter seinem Arm eine Zeitung, er überlässt ihr die Worte:

„Ein grausamer Wille der Geschichte hat mein altes Vaterland, die österreichisch-ungarische Monarchie, zertrümmert. Ich habe es geliebt, dieses Vaterland, das mir erlaubte, ein Patriot und Weltbürger zugleich zu sein", schreibt Joseph Roth im Vorwort zum *Radetzkymarsch*, dessen Vorabdruck 1932 in der *Frankfurter Zeitung* erschienen ist.

Fünf Jahre zuvor hat er mit Franz Tunda in *Die Flucht ohne Ende* eine Schlüsselfigur des vergangenen Jahrhunderts entworfen, den Typus jener Umherirrenden, Entwurzelten, die im Leben einfach nicht mehr Fuß fassen können, sich durch einen Menschenstrom schieben lassen in der Hoffnung auf eine Ankunft an einem Ort, von dem sie keine eigentliche Vorstellung haben. Nun gesellt sich Tunda zu Trotta und mir, gemeinsam gehen wir den Boulevard Saint-Germain entlang, vorbei an Cafés und Restaurants, die auch Roth gesehen hat.

Die namhaften Lokale ausgenommen, vor denen sich Touristen scharen, gleicht die Straße einer jener Einkaufsmeilen, wie man sie aus vielen Städten kennt. Früh hatte Roth erkannt, in großen Städten „sind Aktiengesellschaften imstande, die Vergnügungsbedürfnisse einiger sozialer Schichten gleichzeitig zu befriedigen, die ‚Mondänität' im Westen zu pflegen und im anderen Stadtteil die Freuden eines ‚gutbürgerlichen Mittelstands' zu schaffen und im dritten Teil das gehobene Proletariat mit ‚drittklassigen Etablissements' zu versorgen, der auch einmal eine Ahnung von der ‚großen Welt' bekommen möchte. Und wie in einem Warenhaus für jede soziale Schicht und selbst noch für die vielfach nuancierten Zwischenschichten Kleidung und Nahrung sorgfältig in Preisen wie in ‚Qualität' vorbereitet und abgestuft werden, so liefern die AGs der Freuden-Industrie jeder Klasse das Amüsement, das ihr gebührt und das sie verträgt, jede Art von Alkohol, die ihr bekommt und die sie bezahlen kann, vom Champagner und Cocktail zum Cognac, zum Kirschwasser, zum gezuckerten Likör, zum Bier" –

Kaum zu glauben, dass dieser Text 80 Jahre alt ist.

*

Wir sind nach langem Fußmarsch am Quai d'Orsay angekommen, biegen rechts ab und überqueren die Seine, auf die Place de la Concorde zu, sie liegt im Zentrum der Stadt, im 8. Arrondissement. Schon von weitem erkennbar der Obelisk von Luxor, doch Tunda und Trotta haben keinen Blick dafür. Ihr Blick ist mir in den vergangenen Wochen immer wieder begegnet, ein Blick, der im Rücken der Augen nach Landschaften sucht, die nicht in Tel Aviv oder London zu finden sind, für meine beiden Begleiter aber auch nicht in Paris.

Das Treiben um uns nimmt zu, Gelächter, Stimmen, verschiedene Sprachen, Menschen eilen an uns vorbei und verschwinden in ihren eigenen Geschichten; Frauen in eleganten Kostümen, Männer in Anzügen, dazwischen immer wieder Touristen.

Tunda sieht mich an und durch mich hindurch. Während wir uns einer der bedeutendsten Sehenswürdigkeiten der Stadt nähern, zwingt mich sein verlorener Blick, in seinem Gesicht zu lesen:

„Am 27. August 1926, um vier Uhr nachmittags, die Läden waren voll, in den Warenhäusern drängten sich die Frauen, in den Modesalons drehten sich die Mannequins, in den Konditoreien plauderten die Nichtstuer, in den Fabriken sausten die Räder, an den Ufern der Seine lausten sich die Bettler, im Bois de Boulogne küßten sich die Liebespaare, in den Gärten fuhren die Kinder Karussell. Es war um diese Stunde, da stand mein Freund Tunda, 32 Jahre alt, gesund und frisch, ein junger, starker Mann von allerhand Talenten, auf dem Platz vor der Madeleine, inmitten der Hauptstadt der Welt und wußte nicht, was er machen sollte. Er hatte keinen Beruf, keine Liebe, keine Lust, keine Hoffnung, keinen Ehrgeiz und nicht einmal Egoismus. So überflüssig wie er war niemand in der Welt."

Auch Joseph Roth war 32 Jahre alt, als er diese Zeilen schrieb. Doch musste er sich überflüssig fühlen in der Welt? Freilich, er war noch nicht berühmt, hatte sich aber mittlerweile einen Namen gemacht, konnte sich aussuchen, für welche Zeitungen er schrieb. Bald würde er zum bestbezahlten Journalisten Deutschlands aufsteigen, mit seinen Romanen *Hiob* und *Radetzkymarsch* Erfolge beim Publikum feiern. Aber was zählte das? Seine Ehe ging in die Brüche, hielt dem Leben dieses Ruhelosen nicht stand, der nur noch in Hotelzimmern schlief, in Kaffeehäusern erwachte und in Sätzen durch die Tage lief. Seine Frau erkrankte, gab ihm die Schuld dafür, er nahm sie an, soff sie weg, hetzte weiter. Nein, sie trieb ihn nicht in den Suff, das Bild ist zu billig, seine Schritte machten ihn zum Säufer, weil sie ihn immer tiefer hineinrannten ins Ausweglose, das so viele Namen hatte. Und jeder Schritt trübte seinen Blick, schärfte zugleich seine Worte, die er wie ein Skalpell ansetzte, längst hatte er die Geschwüre erkannt.

„Mir und vielen meiner internationalen Landsleute, die gleich mir ein Vaterland und damit eine Welt verloren haben, ist ein ganz anderes Österreich bekannt und vertraut als jenes, das sich in seinen Export-Operetten zu Lebzeiten offenbart hat und das sich nach dem Tode nur noch in seinem billigsten Export bewahrt."

*

Sechs Jahre nach dem *Radetzkymarsch* publizierte Roth im kleinen niederländischen Exilverlag De Gemeenschap die *Kapuzinergruft*. Roth war Mitte der 30er-Jahre mehrmals in Amsterdam gewesen, er hatte drei Verlage in den Niederlanden. Dem Verleger von De Gemeenschap war er im Mai 1935 anlässlich einer Präsentation der holländischen Ausgabe des *Antichrist* erstmals begegnet. Roth erhielt weiterhin Vorschüsse und Publikationsmöglichkeiten, was mitunter für Missmut bei anderen Autoren sorgte. Zwar erging es Roth besser als vielen seiner Kollegen, aber auch seine wirtschaftliche Situation verschlechterte sich zunehmend, wie einer seiner Briefe an Stefan Zweig verdeutlicht:

„Mit lechzender Zunge laufe ich herum, ein Schnorrer mit heraushängender Zunge und mit wedelndem Schwanz. Wie soll ich nicht neue Verträge eingehen, auf neue Bücher? Nicht einmal die Verträge bekomme ich. Was soll ich tun, jetzt, heute, nächste Woche."

Von Amsterdam nach Ostende, wo Roth Zweig trifft. Es gibt ein Foto von dieser Zusammenkunft, und jedes Mal wenn ich es mir ansehe, fällt mir ein Satz ein, den Roth einmal an Zweig schrieb: „Das Krepieren dauert länger als das Leben." Genau diese Zeile kam mir kürzlich in Tel Aviv schmerzlich in den Sinn, als ich einem der aus Innsbruck Vertriebenen gegenübersaß, einem mittlerweile über 90-jährigen Mann. Ähnlich Roth hatte auch er die Augen etwas zusammengekniffen, sein Kopf, geduckt, wie in Abwehr, zwischen den Schultern.

Das Bild dieses Mannes und das Foto Joseph Roths. Beides Dokumente des Getriebenseins und des panischen Erschreckens darüber. Ich hatte in Tel Aviv das Gefühl, „einen Menschen zu sehen, der einfach vor Traurigkeit in den nächsten Stunden stirbt." Seine Augen „starrten beinahe blicklos vor Verzweiflung, und seine Stimme klang wie verschüttet unter Lasten vor Gram." So beschrieb Irmgard Keun ihr erstes Zusammentreffen mit Joseph Roth in Ostende 1936. Ihre Worte klangen mir in Tel Aviv im Ohr, in Haifa und London bei Begegnungen mit Menschen, die längst in neuen Ländern Fuß gefasst hatten. Dort seit Jahrzehnten lebten, arbeiteten, mit ihren Enkelkindern Ausflüge machten – und doch in Gedanken immer wieder in jene Jahre der Flucht zurückkippten, mich dabei anstarrten: blicklos vor Verzweiflung, verschüttet unter Lasten vor Gram.

Alles Einzelschicksale, mag sein, und doch haben sie einen gemeinsamen Nenner, den keine Konfession determiniert und auch nicht die Frage – ob Jude oder Tiroler, völlig egal, er habe verdammt noch mal nur Schmerz empfunden, „die Rührung kommt immer wieder zurück, immer wieder. Immer wieder, immer wieder habe ich mich zurückerinnert an den Tag, an dem ich Innsbruck 1938 verlassen habe und nicht erwarten konnte, dass ich jemals im Leben wieder dorthin – der letzte Blick auf die Nordkette, auf das Brandjoch, kurz bevor der Zug im Bergiseltunnel verschwunden ist."

*

Den Bucheinband der Originalausgabe der *Kapuzinergruft* ziert die Landkarte eines Österreich, das es schon lange nicht mehr gibt. Thematisch schließt der Roman an den *Radetzkymarsch* an, wieder ist es die Familie Trotta, anhand derer Roth seinen Heimatbegriff definiert und den Verlust des Vaterlandes vor Augen führt. Franz Ferdinand Trotta, dessen Großvater der Bruder jenes Leutnant Joseph Trotta war, „der dem Kaiser Franz Joseph in der Schlacht bei Solferino das Leben" gerettet hatte, spricht aus, woran sich Joseph Roth geistig klammert:

„Mein Vater träumte von einer Monarchie der Österreicher, Ungarn und Slawen."

So lernte ich Joseph Roth kennen, als Monarchisten, der er wahrscheinlich nie war, dann als roten Joseph, später als Franzosen aus dem Osten, als Mittelmeermenschen, „wenn Sie wollen, ein Römer und Katholik, ein Humanist und Renaissance-Mensch."

Ich las mich durch seine Werke, studierte Biografien, die ihn mir als Dichter des Austroslawismus vorstellten, denn das Milieu, in denen er seine Romane ansiedelt, ist oft slawisch und von ostjüdischen Elementen geprägt. Auch ist Roths Österreich eher eines der slawischen Kronländer, nicht vergleichbar der heutigen Alpenrepublik. In einem Brief an Ernst Křenek schreibt Roth 1934: „Gewiss weiß ich, dass der Kaiser von Österreich, bliebe er nur ein Kaiser der Alpentrottel, nicht der Kaiser wäre, den wir meinen." Er nahm des Kaisers Habitus an, den federleichten Schritt, pflegte das Image des k. u. k. Leutnants, ließ sich den Schnurrbart „slowakisch" über den Mund wachsen, unterschrieb seine Briefe mit „Ihr alter Roth", bekräftigte in ihnen: „Ich will die Monarchie haben und ich will es sagen."

Nein, Roth hatte sich nicht um den Verstand gesoffen, er projizierte lediglich seine geistige Heimat auf die Landkarten einer versunkenen Welt, weil ihm die „Scheißer in der Monarchie lieber waren als die Kacker in der Republik!" Er war genauso wenig blind wie die Menschen, denen ich in Israel und England begegnete. Ihnen waren

eben die Kacker des Austrofaschismus lieber als die Scheißer des Nationalsozialismus. Für sie waren Schuschnigg,
ja selbst Dollfuß Konstanten einer Welt, die in Scherben
gegangen war. In ihren Erinnerungen wurde laut, was Roth
in der *Kapuzinergruft* vollzog, indem er den alten Monar-
chen selbst ansprach:

„Aber dich, mein Kaiser Franz Joseph, suche ich auf,
weil du meine Kindheit und meine Jugend bist."

Als die *Kapuzinergruft* 1938 erscheint, wird jede Nostalgie von aktuellen Ereignissen überrannt. Österreich
hat durch den Anschluss an das Deutsche Reich als Staat
zu existieren aufgehört. Der letzte Satz aus der *Kapuzinergruft* fällt mir ein:

„Wohin soll ich, ich jetzt, ein Trotta?"

II

Die Suche nach dem, was es noch nicht gibt, ist für Ernst Bloch gleichbedeutend mit der Suche nach Heimat als Ort. Ob ich mich nicht beim Beamten am Schalter nach einem Ticket an diesen Ort erkundigen soll? Ich unterlasse es und frage nach dem nächstbesten Zug von Paris nach Lyon.

Ich blicke mich um in der Gare de Lyon, die heute zu den Pariser Sehenswürdigkeiten gehört. Anlässlich der Weltausstellung 1900 wurde sie neu errichtet. 37 Jahre später fand erneut eine Weltausstellung in Paris statt, sie stand im Schatten der totalitäreren Regime Europas, die mit pathetischen Architekturen auftraten. In starrer Monumentalität bekämpften sich das nationalsozialistische Deutschland und die Sowjetunion auf dem Ausstellungsgelände, von den Pavillons, die einander direkt gegenüber standen, prangten ins Überdimensionale vergrößert, hier der Reichsadler mit Hakenkreuz, dort Hammer und Sichel. Für das „Deutsche Haus" zeichnete Albert Speer verantwortlich, der seinen wuchtigen und fensterlosen Quader „eine in schwere Pfeiler gegliederte kubische Masse" nannte und als reine Abwehrgeste gegenüber dem sowjetischen Pendant verstehen wollte. In Erinnerung geblieben ist von dieser Weltausstellung der spanische Pavillon vor allem wegen eines Exponats – Pablo Picassos *Guernica*.

Roth wusste um die Vorkommnisse in Spanien, wo seit 1936 der Bürgerkrieg tobte, und gewiss erkannte er im spanischen Pavillon die Werbung für die Volksfront und zugleich den erhobenen Zeigefinger vor den Gefahren des Faschismus. Letzterer war ihm auch aus Frankreich nicht unbekannt. Die in der Konfrontation der Dreyfus-Affäre gegründete Action Française unter Charles Maurras vertrat betont nationalistische und antiparlamentarische Positionen und machte in den Protestanten, Juden und Freimaurern die Sündenböcke für die negative wirtschaftliche Entwicklung aus. Anfang der 30er-Jahre konnten die Action Française und weitere faschistische Parteien und ‚Bünde‘ im Windschatten der schweren wirtschaftliche Krise einen nicht unerheblichen politischen Einfluss gewinnen. Im Februar 1934 versuchten bewaffnete Faschisten, die französische Nationalversammlung zu stürmen. Édouard Daladier, Mitglied der Radikalsozialisten und gerade mal neun Tage im Amt, trat als Premier zurück und machte Gaston Doumergue Platz. Der holte sich einen Mann als Kriegsminister ins Kabinett, dessen Name bis heute die französische Öffentlichkeit spaltet: Philippe Pétain.

*

Von Ende Jänner bis Mitte März 1934 erfolgt im deutschsprachigen antifaschistischen *Pariser Tageblatt* der Vorabdruck von Roths Roman *Tarabas, ein Gast auf dieser Erde.* Es ist dies sein erstes Buch aus dem Exil, die Geschichte eines Irregehenden und wieder Heimkehrenden. Im selben Jahr schreibt Roth *Der Korallenhändler*, ab Juni 1934 hält er sich in Südfrankreich auf. 1935 wieder in Paris. 1936 mehrere Monate in Amsterdam und Ostende. Anfang 1937 eine Vortragsreise durch Polen. Ein Aufenthalt in Wien. Dann wieder zurück nach Paris.

Ich gehe in der Bahnhofshalle auf und ab. Roths permanentes Unterwegssein. Eine Begegnung in London kommt mir in den Sinn. Eine Frau, die im November 1938 Innsbruck verlassen musste. Vierzehn Jahre später kehrte sie das erste Mal nach Österreich zurück, heimisch wurde sie nicht mehr. Über Jahre hinweg pendelte sie zwischen England und Tirol, und wann immer es die Zeit und die finanzielle Lage zuließen, unternahm sie ausgedehnte Reisen. Frankreich, Italien, Spanien, Neuseeland. Als ich sie im April dieses Jahres besuchen will, lässt sie sich entschuldigen, sie reise in die USA. 76 Jahre ist sie jetzt alt, vor mehr als sieben Jahrzehnten hatte man sie und ihre Familie aus dem Land gejagt. Ruhelos ist sie noch heute, nicht mehr auf der Flucht vor anderen, doch lange schon eine Getriebene ihrer selbst.

*

Ich fange an aufzufallen. Das entnehme ich den Blicken eines älteren Paares, das mein Auf- und Abgehen beargwöhnt. Und kaum habe ich Notiz davon genommen, benehme ich mich auch schon verdächtig, schaue verstohlen auf die Uhr, suche in meinem Mobiltelefon eine Nachricht, die ich nie bekommen habe, und blicke immer wieder zu den beiden hinüber, die nun allem Anschein nach ihre Einschätzung bestätigt sehen und einander zunicken.

In London reichte schon die Kapuze meines Pullovers, die ich mir über den Kopf gezogen hatte, mein Vordermann fuhr erschrocken herum, hob abwehrend die Fäuste. In Israel löste der Name meines Mitarbeiters, Emir, Alarmglocken aus. Als ein anderer namens Vinzenz seine Kamera aufstellte und ein paar Aufnahmen am Bahnsteig in der Victoria Station machen wollte, rückten Sicherheitsorgane an. Alles ist verdächtig, alles wird überwacht. Immer und überall.

Ich stehle mich aus dem Blick des Paares und betrete das *Le Train Bleu*, zwei pompöse Marmortreppen führen ins Restaurant, das sich im Hochparterre des Bahnhofsgebäudes befindet. 1901 wurde es eröffnet und erhielt erst 60 Jahre später seinen heutigen Namen vom blauen Zug, der die bessere Pariser Gesellschaft einst via Lyon zur sonnigen Côte d'Azur brachte. Die prunkvollen, mit allerlei Deckenmalereien, Stuck, Vergoldungen und Kronleuchtern überladenen Säle erwecken in mir den Eindruck, ich bewegte mich in den Kulissen eines Films, der mich zurückspult in die Belle Époque.

Gleich am Eingang werde ich von einem Kellner abgefangen und zu einem Tisch dirigiert. An der Decke und den Wänden Gemälde, sie zeigen Landschaften und Zugstationen; auf der dem Bahnhof zugewandten Seite einige Pavillons der Weltausstellung, auch die Sorbonne erkenne ich und die *Operá Comique*. Ich selbst fühle mich wie ein Pinselstrich in einem Bild, das nichts mit mir zu tun haben will und mir als Verkehrung der Wirklichkeit erscheint.

Die Preise auf der Karte raten mir, es bei einem Getränk zu belassen. Pikiert nimmt der schwarz gekleidete Maître meine Bestellung auf, klemmt sie unter ein Metallellerchen auf den Tisch und winkt einen Kellner herbei. Der sieht mich steif an, als wollte sein Gesichtsausdruck mit seiner weißen langen Schürze konkurrieren.

*

Auf dem Bahnsteig dichtes Gedränge. Wann entstand es, das Reisen, im Sinn des vorübergehenden Ortswechsels mit Garantie auf Rückkehr zum festen Wohnsitz? Lassen sich schon die Wallfahrten der Ägypter zu den Tempeln ihrer Gottheiten als Reisen bezeichnen? Oder die Argonauten – unterwegs zum Goldenen Vlies? Odysseus? Alle Wege führen nach Rom, dorthin reiste man schon in der

Antike aus politischen, wirtschaftlichen und administrativen Gründen. Auch aus privaten? Hadrian war ein Vielreiser, heißt es, und Plinius – ein Reiseschriftsteller?

Richtig in Schwung kam das Reisen erst durch die Grand Tour des Adels im 16. Jahrhundert. Der Nachwuchs wurde auf mehrjährige Kavaliersfahrt durch Europa geschickt, sollte sich dort Bildung aneignen. Später kopierte das Bürgertum diese Unternehmen, im 19. Jahrhundert stieg die Zahl der Reisenden erheblich. Meiner Generation ist das Unterwegssein ohnehin alles, Reisen ist zum Sport geworden, jedes Land eine Trophäe, je ferner, desto wertvoller.

Während ich immer noch auf den TGV nach Lyon warte, denke ich an meine Reise in Roths Kindheit, die Aufenthalte in Wien, Katowice und Lemberg nicht mit eingerechnet, war ich beinahe 24 Stunden unterwegs. Um sieben Uhr morgens ging es in Innsbruck los, kurz nach zwölf kam ich in Wien Hütteldorf an, stieg um in die S2 nach Meidling, wo ich eine Stunde Aufenthalt hatte und mich mit Reiseproviant eindeckte. In der Linken einen Nylonsack, dessen Tragegriffe mir in die Finger schnitten, in der Rechten den Trolley mit den immer wieder blockierenden Rädern. Zum Bahnsteig, dort zündete ich mir vorschriftsgemäß in der zellengroßen, weißmarkierten Raucherzone eine Zigarette an, wofür ich von einer Dame mit Enkel an der Hand ein „hier stinkt's" erntete.

„Die Freude, die einer vor einer Reise empfinden mag, ist immer geringer als der Ärger, die sie schließlich verursacht", schreibt Roth in die ‚Romantik' des Reisens und macht sich einen Jux daraus, die Unannehmlichkeiten aufzulisten, die das Reisen mit sich bringt. „Kein Mensch ist schlimmer dran als ein Reisender. Es ist merkwürdig, dass diese mittelalterliche, schikanöse Art des Reisens allen so romantisch vorkommt." Da spricht er mir ebenso aus der Seele wie mit seinem den Artikel abschließenden Satz: „Wir können der Leserschaft versichern, dass der Verfasser unbeschadet der geschilderten ,Romantik' selten zu Hause anzutreffen ist."

*

Zwei Stunden dauert die Fahrt nach Lyon, Roth brauchte damals noch acht Stunden. Er berichtete über die Reise, im September 1925 war der Artikel in der *Frankfurter Zeitung* zu lesen.

Ich schaue zum Fenster hinaus, Landschaften rauschen vorbei. „Die Konturen aller Dinge sind schärfer, die Luft ist unbeweglich, ihre Wellen umschmeicheln die festen Körper nicht mehr. Jeder hat seine unverrückbaren Grenzen. Nichts schwebt mehr zwischen hier und dort. Es ist unbedingte Sicherheit in allem, als wüßten die Gegenstände mehr von sich und ihrer Stellung in der Welt. Hier zweifelt man nicht mehr. Hier ahnt man nicht. Man weiß."

Das Umland von Lyon ist den Augen ein Ereignis, südlich lädt das Rhônetal ein auf die Routen des Lavendel, immer der Nase nach durch violette Felder. Nördlich der Stadt erstreckt sich das Weinbaugebiet Beaujolais und im Osten geht's in die charmante Landschaft der Dauphiné. An jener Stelle, wo das eigentliche Stadtgebiet von Lyon beginnt, befinden sich die Berges du Rhône, viele Radfahrer nützen die Naturlandschaft als Ausgangspunkt für diverse Touren.

Wann immer ich eine Stadt besuche, gilt mein erster Weg dem Fluss, der sie durchquert. In Lyon habe ich die Wahl, die Stadt liegt am Zusammenlauf der Rhône und Saône, Letztere fließt entlang der Altstadt, zahlreiche Brü-

cken verbinden die Ufer. Joseph Roth hat noch ihre Vor-
gängerbauten gesehen, fast alle Brücken von Lyon wurden
im Zweiten Weltkrieg –

Nichts erinnert mehr an die Jahre der Zerstörung, alles
wieder aufgebaut, Mobilität, wohin ich schaue, Autos, Radfahrer, Skater. Selbst die zahlreichen Hausboote, die an
der Rhône vor Anker liegen und sich nachts in Clubs und
Bars verwandeln, biegen sich unter Gelächter und Tän-
zen. Und im Süden der Stadt schlägt eine Autobahnbrücke
Schatten über den Zusammenfluss von Saône und Rhône.

*

Bin also angekommen in der Stadt des Lichts, das Wim
Wenders so rühmte, angekommen in der Stadt der Brüder Lumière, die im Jahr 1895 bei der ersten öffentlichen
Präsentation des Cinématographe den Film *Arbeiter verlassen die Lumière-Werke* vorführten.

„Die Lyoner sind höflicher als die Pariser, nicht nur,
weil sie ruhiger sind und mehr Zeit haben, sondern auch,
weil sie vornehmer sind." Ob diese Begründung stimmt,
wage ich zu bezweifeln, höflicher als die Pariser sind sie
durchaus – nicht schwierig, überall in Frankreich schei-
nen mir die Menschen höflicher zu sein als in Paris.

Ich schlendere durch Vieux Lyon, das im Mittelalter
und der Renaissance entstandene Viertel. „Dieses alte Lyon
liegt am rechten, ziemlich jähen Ufer der Saône. Steinerne
Treppen verbinden die übereinanderliegenden Gassen."
Die gesamte Altstadt ist mit diesen Gängen und Passa-
gen durchzogen, so lässt sich durch Hausflure, Innen-
höfe und Treppenhäuser spazieren, die alle miteinander
verknüpft sind. ‚Traboule' nennen die Heimischen diese
Gassen. Einen echten Lyoner erkenne man daran, dass er
noch die abseitigsten Traboules kenne, heißt es. Angeb-

lich habe auch die Résistance diese verborgenen Pfade genützt.

*

Siebzehn Sommer nach Roths Artikel aus Lyon kommt ein Sonderkommando der Sipo SD in die Stadt, dicht gefolgt von der Gestapo, die ihr Hauptquartier im *Hôtel Terminus* hinter dem Bahnhof Perrache errichtet. Ihr Chef Klaus Barbie.

Die Gare de Perrache liegt auf der Halbinsel Presqu'île, hier, zwischen Saône und Rhône befinden sich die großen Stadtteile von Lyon. Vom Bahnhof führen zwei Fußgänger-zonen zur Place de Terreaux und zum Musée des Beaux-Arts, ursprünglich eine Abtei der Benediktiner, die im Zug der Französischen Revolution aufgelöst wurde. Auf der Place de Terreaux schießen zahlreiche kleine Fontänen aus dem Boden im Einklang mit der Wasser sprudelnden Quadriga im Zentrum des Platzes.

Roth erwähnt dieses Viergespann in seinem Artikel nicht, aber ich bin mir sicher, er ist an ihm vorbeigegangen, „Steine, Töpfe, Scherben, Brunnen, Tiergestalten über-all". Auf die Place Bellecour, sie zählt zu den größten Plät-zen Frankreichs, in ihrer Mitte befindet sich ein großes Reiterstandbild von Louis XIV. Auch am Sonnenkönig ist Roth vorbeigekommen, davon bin ich überzeugt, und vielleicht stieg er am Bahnhof von Perrache in den Zug, unweit eines Hotels, in dem der „Schlächter von Lyon" eine Suite im zweiten Stock bezog.

*

Ich möchte zurück ins Lyon des Joseph Roth, dorthin, „wo die Häuser steil ansteigen und ihre Dächer Stufen bilden.

Eine Zahnradbahn führt zur Höhe und zur Kathedrale, die ihre stolze Front wie ein herrschendes und wachendes breites Angesicht der Stadt zugewendet hat", lese ich in der Metro. An der Haltestelle Vieux-Lyon steige ich um in die Zahnradbahn, les funiculaires. Kaum zwei Minuten dauert die Fahrt und schon stehe ich vor der Basilika Notre-Dame de Fourvière, die Roth gemeint haben muss, als er von der Kathedrale sprach.

Die Basilika befindet sich auf dem Gipfel des Fourvière, von hier aus sieht man bei gutem Wetter bis zu den schneebedeckten Alpen, vor allem aber auf eine Stadt, deren Größe sich jene Menschen, die sie einst Lugdunum nannten, in ihren kühnsten Träumen nicht hätten ausmalen können.

„Lyon ist eine alte Stadt, es ist 43 Jahre vor Christi Geburt gegründet worden. Der Führer berichtet, daß Augustus in Lyon einen Palast, mehrere Monumente und einen Aquädukt von 84 Kilometern hat aufführen lassen." Von der Römerzeit zeugen noch die beiden Amphitheater auf dem Fourvière, heute finden in ihnen sommers Konzerte und Theateraufführungen statt. Die Karten seien meist schnell vergriffen, hatte man mir in der Touristeninformation gesagt und mir einen Folder zugesteckt, der ‚la ville de gueule' in den höchsten Tönen anpries.

„Man arbeitet, wie man nur in einer deutschen Stadt zu arbeiten versteht. Aber man freut sich, ißt und lebt, wie man nur in einer französischen sich freuen, essen und leben kann. Ein Fremder ist hier weniger fremd als in Paris. Viele Welten stoßen hier zusammen."

Lyon, die Gaumenstadt, bekannt für seine Bouchons. Schon betrete ich eines der Lokale, in denen die traditionelle Lyoner Küche auf dem Speiseplan steht, werde freundlich empfangen. Die Kellner „haben nicht die subalterne Höflichkeit des Bedienens, sondern die selbstbewußte des Bewirtens. Ich bin ihr ‚Gast' nicht nur im fach-technischen Sinn. Wenn sie beschäftigt sind, daß sie mich nicht anhören können, lächeln sie wenigstens. Ich weiß, daß sie mich nicht vergessen, dass sie wiederkommen. Sie erklären mir, wie die Speisen aussehen, die sie mir empfehlen, ohne Übertreibung, aber mit überzeugender Rhetorik."

Andouillette à la lyonnaise, Wurst aus Schweineinne-reien und Kalbfleisch, Tripes à la lyonnaise, Rindermagen und ausgelöste Rinderfüße in Tomaten-Weißweinsauce? Oder einen Saladier lyonnaise mit Schafsfüßen, Geflügel-leber, Heringsfilets und hartgekochten Eiern?

Verhalten lächelnd bestelle ich ein Potpourri aus ver-schiedenen Käsesorten, dazu ein paar Artischocken und ein Glas Beaujolais. Wie vor einigen Wochen in Israel fühle ich mich plötzlich sehr unwohl in der deutschen Sprache, setze auf das weniger verfängliche Englisch. Dabei habe ich in Frankreich stets die Erfahrung gemacht, dass man sich nur als Österreicher ausgeben muss. Tatsächlich: Die Kellner noch herzlicher, als ich mich ihnen als Autrichien zu erkennen gebe.

In den Worten zuhaus, ja, das bin ich, auch wenn sie einer Sprache angehören, die auf ein Land verweist, das ich nicht als Heimat bezeichnen kann, nur als Ort mei-ner Herkunft. Sprache ein Teil der Kultur, Letztere ein Teil der Identität, Sprache als Mittel einer besonderen Wahrnehmung der Welt? In Israel fanden alle Gesprä-che auf Deutsch statt, unnötig zu fragen, was die Spra-che den Vertriebenen bedeutet. So viel aber nicht, dass sie sie ihren Kindern und Enkeln aufgezwungen hätten. Die seien auch nicht daran interessiert gewesen, bekam ich zu hören, erst in letzter Zeit komme es zu einer Trend-wende. Zumindest das Herkunftsland ihrer Großeltern erwecke bei den Enkeln wieder Interesse, sie würden es besuchen, allerdings sehr emotionslos, erzählte einer, ich traf ihn in Haifa. Die Jugend orientiere sich eher an Amerika, er aber fühle sich als Europäer und werde stets als solcher wahrgenommen, bei jeder Einreise würden ihn die Grenzbeamten am Flughafen auf Englisch ansprechen, sagte er. Sein Deutsch von beneidenswerter Eloquenz, von europäischer Kultur durchtränkt seine Geisteswelt, dass diese in Israel wenig Akzeptanz finde und ihn irgendwie zum Außenseiter mache, daran leide er immer noch sehr, warf seine Frau ein und: „Wenn man sich hier integrieren will, muss man eben asiatisch werden und nicht europäisch. Das Land wird immer orientalischer, und das ist auch richtig so. Man muss sich assimilieren. Das Europäische ist hier nicht gefragt, ganz einfach." Er wäre nach dem Krieg gerne zurück, aber sie, die gebürtige Pressburgerin, wollte nicht. „Mittlerweile fühle ich mich in Europa auch wieder wohl, aber als Touristin, zuhause bin ich dort nicht", erzählte sie mir auf dem Balkon ihrer Wohnung am Carmel, und wir schauten hinab auf die beleuchtete Stadt. „Schade, dass man das Meer heute nicht sieht", sagte sie, „aber der Wüstensand –"

*

An einem der Tische vor dem Lokal sitzend, sehe ich, wie zu greifen beginnt, was auf Roland Jéol zurückgeht: der *plan lumière*. Jéol setzte in Lyon 1989 den weltweit ersten Lichtmasterplan in Kraft, lässt seitdem hunderte Bauwerke und andere Objekte in der Stadt illuminieren, was Vorbildwirkung für andere europäische Städte hat. Während ein Gebäude nach dem anderen in kitschigem Licht erstrahlt, lasse ich den Tag Revue passieren, die Zahnradbahn, die Kathedrale, die engen Gassen der Altstadt, vieles habe ich gefunden, aber nicht das, was ich suchte.

Der Kellner bringt mir einen Chartreuse, Elixier des langen Lebens nennt er den Kräuterlikör und fragt mich, was ich in Lyon mache. Ich suche nach Landschaften, in denen man sich heimisch fühlen kann, antworte ich und er prostet mir lachend zu.

Ich wende mich wieder den Aufzeichnungen Roths zu, laufe parallel dazu in Gedanken durch die Geschäftsstraßen auf der Halbinsel und vorbei an den zahlreichen Boutiquen, in denen Luxusstoffe verkauft werden. „In dieser Stadt wird die französische Seide erzeugt, die in alle Länder der Welt geht." Auch heute noch ist die Textilindustrie in der Region dominierend, mehr als 30 000 Menschen arbeiten in diesem Bereich, anstatt der Seidenfäden werden jedoch Aramid-, Kohlenstoff-, Glas- und optische Fasern verwendet.

„Die Fabrikanten haben Villen jenseits der Rhône. Hier wohnen auch die Arbeiter – aber nicht in Villen, sondern in Mietskasernen. Am Abend gehe ich hierher. Nur bei den Armen fühlt man den Abend. Den anderen ist er die Fortsetzung des Tages. Den Armen ist der Abend die Ruhe. Sie sitzen vor den Türen, sie stehen vor den Fenstern, sie wandeln langsam zu den Ufern und sehen ins Wasser."

Würde Roth auch heute zu den Armen der Stadt gehen? Würde er eine Reportage über sie verfassen?

Ich bezahle, bedanke mich für die ausgezeichnete Bewirtung und erkundige mich, woher die köstlichen Artischocken stammen. Aus Vaulx-en-Velin, sagt der Patron und zieht dabei die Stirn in Falten.

*

Vaulx-en-Velin ist vom Stadtzentrum aus über den Boulevard Périphérique in nicht einmal zwanzig Minuten zu erreichen, eine jener typischen Schlafstädte mit trostlosen Wohnsilos. Hier sind Ausgrenzung, Arbeitslosigkeit und Aggression ebenso zuhause wie eine Generation von Jugendlichen, die sich eine eigene Welt geschaffen hat, mit eigenen Werten, Normen, Sprachregelungen und Verhaltensmustern. Vaulx-en-Velin gleicht Minguette, eine der anderen Bannmeilen von Lyon, wo in den Jahren 1981 und 1983 die ersten Unruhen ausbrachen. Seitdem stehen die französischen Großstädte mit ihren Banlieues, in denen über fünf Millionen Menschen leben, im Rampenlicht medialer und politischer Aufmerksamkeit. Politique de la Ville, sozialintegrative Stadtpolitik, ist zum Schlagwort geworden – auch zum Lippenbekenntnis? Rien n'a changé, sagen die Betroffenen, und seit der französische Innenminister Sarkozy anlässlich der Unruhen im Jahr 2005 davon sprach, die Vorstädte mittels Dampfstrahler vom Gesindel zu befreien, scheint der Karren verfahrener denn je.

Zehn Jahre vor der verbalen Entblödung Sarkozys erschütterte eine Anschlagserie Frankreich, bei der mitten im historischen Zentrum von Paris acht Menschen starben und 200 verletzt wurden. Weitere Anschläge folgten, einige konnten verhindert werden, wie der im Hochgeschwindigkeitszug zwischen Paris und Lyon. Einen Monat später stellte die Polizei einen der Hauptverdächtigen im Umland von Lyon, seine Fingerabdrücke auf dem Klebeband der Bombe im TGV hatten ihn überführt. Ende September 1995 wurde er in einem Waldstück in der Nähe von Lyon erschossen. Ein anwesendes Kamerateam des französischen Fernsehens hatte im Anschluss von einer regelrechten Hinrichtung gesprochen. Dem bereits schwer verletzt am Boden Liegenden war in den Rücken geschossen worden.

Einige Tage nach seinem Tod publizierte die liberale Pariser *Le Monde* ein langes Interview, das ein deutscher

Soziologe im Jahr 1992 aufgenommen hatte. Bei dem Interviewten handelte es sich um den von der Polizei Erschossenen, den 1971 an der westalgerischen Mittelmeerküste geborenen Khaled Kelkal. Er war als Zweijähriger nach Frankreich gekommen. Als gutem Schüler gelang ihm der Sprung von der Mittelschule auf das Lycée, wo ihm zum ersten Mal augenscheinlich geworden sei, welchen Unterschied es mache, ob man aus der Stadt Lyon oder aus deren Banlieue komme. In seiner Klasse habe es nur Reiche gegeben, die noch nie zuvor einen ‚Araber' gesehen hätten, erzählte er.

Wider den Willen seiner Eltern bricht Khaled Kelkal die Schule ab, begeht mit Freunden Einbrüche, kleinkriminelle Delikte, gerät ins Visier der französischen Justiz, wird eingesperrt. Erst im Gefängnis habe er richtig Arabisch zu sprechen gelernt. „Ich will Frankreich ganz verlassen, für immer, zu mir nach Hause gehen, nach Algerien", sagte er, aber er kehrte nicht zurück in eine Heimat. Kannte er sie denn? Wäre er wirklich nach Algerien zurück, wenn man ihn nicht in einem Waldstück in der Nähe von Lyon erschossen hätte? Aufgenommen wurde das Interview am Wohnort Kelkals, in der Lyoner Vorstadt Vaulx-en-Velin.

*

„Wie viele falsche Berichte sogenannter ‚guter Beobachter'! Der ‚gute Beobachter' ist der traurigste Berichterstatter. Alles Wandelbare begreift er mit offenem, aber starrem Aug'. Er lauscht nicht in sich selbst. Das aber müsste er. Er könnte dann wenigstens von seinen Stimmen berichten. Er verzeichnet die Stimme einer Sekunde in seiner Umgebung. Aber er weiß nicht, daß andere Stimmen ertönen, sobald er seine Horcherstellung verlassen hat. Und ehe er's niederschreibt, ist die Welt, die er kennt, nicht mehr dieselbe."

Ich sitze im TGV nach Paris, wo mich Trotta empfangen wird. Was kann ich ihm erzählen von Lyon? Unschlüssig bin ich, unzufrieden, und wenn ich im Roth'schen Sinn in mir lausche, so ruft mir eine Stimme zu: Du hättest dir die Reise nach Lyon sparen können. Auch die nach Paris. Und die nach Brody sowieso. Du hättest gleich, gut eine Stunde von Wien entfernt, im mährischen Hodonín aussteigen können. Immerhin ist es die Geburtsstadt des letzten Finanzministers des Habsburgerreichs. Und ein Schloss gibt es dort auch. In fast allen mährischen Dörfern findest du Schlösser. Und Musikkapellen. Erinnerst du dich nicht, was dir Trotta erzählt hat?

„Es gab im ganzen Machtbereich der Division keine schönere Militärkapelle als die des Infanterieregiments Nr. X in der kleinen Bezirksstadt W. in Mähren. Der Kapellmeister gehörte noch zu jenen österreichischen Militärmusikern, die dank einem genauen Gedächtnis und einem immer wachen Bedürfnis nach neuen Variationen alter Melodien jeden Monat einen Marsch zu komponieren vermochten. Alle Märsche glichen einander wie Soldaten. Die meisten begannen mit einem Trommelwirbel, enthielten den marsch-rhythmisch beschleunigten Zapfenstreich, ein schmetterndes Lächeln der holden Tschinellen und endeten mit einem grollenden Donner der großen Pauke, dem fröhlichen und kurzen Gewitter der Militärmusik."

Freilich, Lemberg und Brody, das waren Eindrücke, die ich nicht missen möchte. Alleine die Vorbereitungen auf die Reise, die Nervosität – am meisten schreckte mich der Übertritt an der polnisch-ukrainischen Grenze. Ich hatte wahre Horrorgeschichten gehört, von martialisch auftretenden Grenzsoldaten über Leibesvisitationen bis hin zur

unerträglich langen Zeit, die es dauern würde, das Fahr-
gestell des Zuges auf ukrainische Geleise umzurüsten.

Knapp zwölf Stunden nach meiner Abfahrt in Innsbruck erreichte ich Katowice, Hauptstadt der Woiwodschaft Schlesien. Anderthalb Stunden Aufenthalt. Der
Bahnhof im 70er-Jahre-Stil, dem Ideal einer kommunistischen Musterstadt verpflichtet, zu der Stalinogród, wie
Katowice einige Jahre hieß, gemacht werden sollte. Mit
Blick auf die Überdachung der Halle das Gefühl, unter
Regenschirmen aus Stahlbeton zu stehen. Ferner in Erinnerung geblieben sind mir die vielen Bettler, Obdachlose
vermutlich, die mich um Zigaretten und Geld anschnorrten.

Von Katowice weiter nach Krakau in einer Garnitur
der TLK, Kurzform für Tanie Linie Kolejowe, günstige
Eisenbahnlinie. Mir tat der Rücken ohnehin weh und ich
redete mir das Rütteln und Stoßen des Waggons als Mas-
sage schön, in deren Genuss ich nun gekommen wäre.

Es war längst Nacht, als es von Krakau zur ukrainischen
Grenze ging, mein Unwohlsein stieg. An Rzeszów vorbei,
das Lubomirski-Schloss sah ich nicht. Przemyśl. Von hier
nur noch wenige Kilometer bis ans Ende Schengen-Euro-
pas. Mir gegenüber ein Mann, der mich seit Krakau nicht
aus den Augen ließ. Mitte fünfzig, mächtiger Oberkörper,
sein Gesicht leicht gerötet, blondes Haar. Als der Zug wieder anfuhr, fasste ich mir ein Herz, do you speak English?
Ein Nicken und als Antwort die Gegenfrage, ob ich meine
Toten suchen würde. Ich verneinte überrascht, hörte ihn
sagen: Schade. Ich hätte dir dabei helfen können.

Wir kamen ins Gespräch, er erzählte mir, dass er seit
einigen Jahren als Fremdenführer arbeite, meist seien
seine Kunden amerikanische Juden, die er in die Dörfer
und Städte ihrer Eltern und Großeltern, in letzter Zeit
immer häufiger Urgroßeltern führe. Hinzu die Vorarbei-
ten in ukrainischen Archiven, Recherchen in Geburten-

registern und Totenbüchern, alleine das bringe ihm pro Kunden aber nur 250 Dollar ein, deshalb sei er immer froh, wenn – nein, in den Orten erinnert nichts mehr an die Vorfahren, natürlich nicht. Aber seiner Kundschaft gehe es auch gar nicht darum, they don't want to find, they want to search. Er lachte kurz auf und fügte dann entschuldigend hinzu: Ich habe schließlich eine Familie zu ernähren.

Medyka, polnische Grenzpolizisten, sammelten die Pässe ein, auf dem Reisedokument meines Gegenübers der ukrainische Dreizack. Ein kurzer, aber heftiger Wortwechsel zwischen ihm und dem Beamten. Nach der polnischen die ukrainische Kontrolle. Im Schritttempo durch Niemandsland, plötzlich Stopp, Sträucher, rostige Zäune. Hier werde der Zug umgespurt, erklärte mein Gegenüber. Als die Fahrt weiterging, war es kurz vor fünf. Das ergab, eingerechnet der Zeitumstellung, für die gut 30 Kilometer vom polnischen Przemysl bis ins ukrainische Mostyska eine Fahrtzeit von einer Stunde. Ich hatte am Brennerpass schon länger gewartet und war grimmiger angeschaut worden. Vielleicht hatte ich aber auch nur Glück, mein Visavis erzählte, dass es bei der Einreise nach Polen viel schlimmer sei. Da könne es vorkommen, dass man sieben bis zehn Stunden – er redete sich in Rage, verfluchte die EU, sie würde zehntausende seiner Landsleute in den Ruin treiben. Man habe sie um ihre in Polen verdienten Löhne gebracht. Heute sei Schengen der Stacheldraht, der sich durch Europa ziehe, wetterte er und hörte erst auf, als wir um sechs Uhr morgens in ‚Klein-Wien‘, der einst viertgrößten Stadt der Habsburgermonarchie, ankamen.

*

Missmutig durch die Bahnhofshalle, ja, ich hätte mir die Reisen sparen können, sie führten mich nicht dorthin, wohin ich wollte. Trotta tritt mir entgegen, er dinierte im *Le Train Bleu*, das Essen passabel, sagt er, das Service und das Ambiente, na ja, von wegen Belle Époque, er lacht. Dann mustert er mich streng, so wie er mich vor einigen Monaten fixiert hatte bei meiner Rückkehr aus der Ukraine. Dort war ich ebenfalls in einer Époque, auch in Lemberg und Brody malt die Jahrhundertwende Bilder an Fassaden, aber ihrem Charme kann wohl nur erliegen, wer nach einer Woche wieder in die Behaglichkeit seiner vertrauten Tapeten zurückkehren darf. So lässt es sich leicht schwärmen vom schummrigen Licht der Jugendstillampen, von Pawlatschen mit schmiedeeisernen Geländern, überzogen von der Patina des alten Europa, schlicht von Rost; und auch ein wenig seufzen lässt es sich, die Außenbezirke, desolat, immer noch nicht erwacht aus dem postsowjetischen Albtraum.

Tagelang lief ich durch Lemberg, das nach dem Zerfall der Monarchie eine polnische Stadt war, jetzt eine ukrainische ist und Lviv heißt. Die habsburgische Bausubstanz muss eine gute sein, wie sonst ist zu erklären, dass viele Gebäude ohne Stützen stehen können, ab und zu knickt schon mal eines ein. Klar doch, es wurde viel restauriert, aber die Stadt scheint nicht angekommen zu sein im Westen. Vielleicht war sie auch nie dort.

1936 hielt sich Roth ein letztes Mal in Lemberg auf, besuchte seine Verwandtschaft, Irmgard Keun hatte ihn begleitet, sie schreibt: „Das Haus ist alt und düster, und alles ist in eine Atmosphäre von Schwermut getaucht."

Das Königreich Galizien und Lodomerien, 1772 an die Habsburger gefallen, war nicht nur am weitesten von Wien entfernt, in wirtschaftlicher Hinsicht hinkte man der Hauptstadt und den anderen Teilen der Monarchie ebenfalls ein beträchtliches Stück hinterher. Diejenigen, die in kultureller, intellektueller und ökonomischer Hinsicht für den Aufschwung Galiziens sorgten, flohen entweder Hals über Kopf vor den herannahenden Totschlägerhorden oder wurden deportiert und ermordet.

Brody, mit dem Zug von Lemberg aus in weniger als zwei Stunden zu erreichen, war einst eine jüdische Stadt und aufgrund der Grenznähe zum Zarenreich für Pogromflüchtlinge aus Russland besonders wichtig. In der Stadt, in der Joseph Roth am 2. September 1894 geboren wurde, leben heute kaum noch Juden. Sein Geburtshaus steht nicht mehr, es befand sich bis zum Zweiten Weltkrieg in der langen Allee, die vom Bahnhof ins Stadtzentrum führt. Ich bin die Bahnhofsstraße mehrmals auf- und abgegangen, hätte es mir sparen können, ich kam nicht dort an, wohin ich wollte, in Joseph Roths Heimat.

III

Heimat ist ein Film aus dem Jahr 1938, eine Blut-und-Boden-Schnulze mit Starbesetzung, bei der ein Mann Regie führte, der seit 1933 Mitglied der NSDAP und ab 1939 Präsident der Reichsfilmkammer war. Nicht zuletzt aufgrund solcher Filme war der Begriff Heimat für mich für viele Jahre ein Tabu, ich sparte ihn aus, wann und wo immer ich konnte. Erst als ich mich mit den Biografien jener Menschen beschäftigte, die das Verlorene ebenso wie das Gewonnene als Heimat bezeichneten, fing ich an, das Wort aus verschiedenen Blickwinkeln zu betrachten. Hinzu kamen zahlreiche Gespräche mit Emir Handžo, einem Mitarbeiter des Projektteams, ihm setzten die Ausführungen der nach England und Israel Vertriebenen sichtlich am meisten zu. Und was immer ich ihm von Joseph Roth erzählte, saugte er begierig auf. Nicht zuletzt, weil er in der geschilderten Lebensgeschichte Parallelen zur eigenen erkannte.

Handžo, 1981 in Sarajewo geboren, musste seine Heimat im Alter von zwölf Jahren verlassen. Ein Fluchthelfer, der für seine Verdienste den Wagen der Familie erhielt, brachte Emir, seinen Bruder und seine Mutter nach Zagreb, wo sie bei Verwandten unterkamen. Ihr eigentliches Ziel war Australien, dorthin waren schon andere Familienmitglieder emigriert. Mehrere Monate „in beengten Verhältnissen" in Zagreb, zweimal wurden sie an der slowenischen Grenze zurückgewiesen: „Wir mussten uns dann wieder neue Fluchtgeschichten und Familienkonstellationen ausdenken, von denen wir hofften, dass sie beim nächsten Versuch die slowenischen Grenzer überzeugen könnten, uns durchzulassen."

Endlich war es geschafft, mit dem Zug Richtung Österreich. „Ich weiß nicht, warum, vielleicht hatten wir nur
Glück, aber erst am Bahnhof von Salzburg wurden wir
aufgegriffen. Das war an meinem Geburtstag. Ich erinnere
mich genau, wie einer der Grenzbeamten plötzlich verschwunden und kurze Zeit später mit einer Tafel Milka-
Schokolade wieder aufgetaucht ist. Darüber habe ich mich
riesig gefreut, das ist mir in schöner Erinnerung. Aber
dennoch, wir mussten raus. Standen in Salzburg. Mitten
in der Nacht. Meine Mutter hatte noch eine Adresse einer
Verwandten, die in Salzburg lebte. An Einzelheiten kann
ich mich nicht erinnern. Weiß nur, wir sind in ein Flücht-
lingshaus der Caritas gekommen."

Glück und Zufall, diese Worte fallen oft, wenn Emir
seine Geschichte erzählt. Glück und Zufall hätten ihn und
seine Familie nach Tirol geführt, in ihrer Absicht lag das
nicht. „Man wurde zugeteilt. Es hätte schlimmer kommen
können. Nein, am Anfang war es nicht leicht. Ich war das
Leben in einer Stadt wie Sarajewo gewöhnt, nun lebte ich
plötzlich in einem Tiroler Dorf. Und musste die Sprache
lernen, von Grund auf. Ausgerechnet Deutsch. Das war in
meiner Kindheit und bei meinen Freunden verpönt. Ich
erinnere mich, in Sarajewo spielten wir oft mit den Gastar-
beiterkindern, die in den Ferien nach Jugoslawien gekommen sind und Deutsch sprechen konnten, Partisanen und
Nazis. Versteht sich, wer die Partisanen waren. Mittlerweile
fühle ich mich in beiden Sprachen heimisch, aber innere
Vorgänge und Problemstellungen – alle auf Serbokroatisch."

Die Vertriebenen von 1938 machten ganz ähnliche
Erfahrungen: „Viele von ihnen waren Kinder wie ich, als
sie die Heimat verlassen mussten. Und wenn sie erzählten,
dass ihnen die Flucht zunächst wie ein Abenteuer vorge-
kommen ist, wie eine Reise, ja, mir ist es ähnlich ergangen. Erst später ist mir der Verlust der Heimat bewusst

geworden. Dabei ist mir Heimat nichts Geographisches, auf keinen Fall, vielleicht eher eine – Sehnsucht."

*

Was ist Heimat? Ein Punkt auf der Landkarte, ein Geruch, eine Empfindung, eine Seelenlandschaft? Ein fertiges Produkt oder ein dynamischer Prozess? Wird man sich ihrer erst bewusst, wenn man sie verlässt? Bekommt nicht auch schon mancher Tourist Heimweh, wenn er sich in einem Land befindet, wo er zwar jeden Satz versteht, aber nicht weiß, was er heißt? Ist Heimat Sprache? Meint Heimat mitgestalten, partizipieren? Ist sie eine Tatsache oder eine Möglichkeit, ein Ort oder eine Richtung? Ist Heimat nichts anderes als Zeit und lässt sich deshalb so schwer definieren? Augustinus fällt mir ein, seine Antwort auf die Frage, was ist Zeit: „Ich glaube, ich weiß es – solange mich niemand fragt. Aber sobald mich jemand fragt und ich es erklären will, weiß ich es nicht mehr."

Auf keinen Fall ist Heimat eine mathematische Formel, die ein Ergebnis verspricht, das auf allgemeine Zustimmung stößt. Der Begriff ist so schwammig wie facettenreich, was mag das besser zu verdeutlichen als das altnordische Wort *heimr*, das Heimat und zugleich Welt bedeuten konnte. Dazu die adverbiale Verwendung von *heima* für daheim, zuhause und die adjektivische Ableitung *heimskr*, dumm, töricht, „der nur im eigenen Heim Lebende."

„In Brody ist alles eintönig und langweilig; eine kleine Abwechslung brachte nur die Zeit in Lemberg", bekennt Roth als 18-Jähriger in einem Brief. Die Welt sei so schön, er dürste danach, sie irgendwann in all ihrer Herrlichkeit sehen zu können. „Ich will hoffen, daß die Gelegenheit einmal dazu kommen wird", fährt er fort. Der Augenblick kam: Nach Abschluss des Gymnasiums begann er seine

Karriere als Schriftsteller und Journalist, pendelte zwischen den Metropolen Wien, Berlin und Paris, bereiste die Sowjetunion, Albanien, lebte in der Schweiz, in Holland, Polen. Und später: der unfreiwillige Weltenbummler.

*

„Siebzehn Stunden saß Leutnant Trotta im Zug. In der achtzehnten tauchte die letzte östliche Bahnstation der Monarchie auf. Hier stieg er aus." Und Joseph Roth mit ihm. Immer wieder kehrt er in seinen Romanen in sein galizisches Herkunftsland zurück:

„Die Grenze zwischen Österreich und Rußland, im Nordosten der Monarchie, war um jene Zeit eines der merkwürdigsten Gebiete", schreibt Roth im *Radetzkymarsch* und nennt einen Ort von rund zehntausend Einwohnern, in etwa so viele hatte Brody damals. „Er hatte einen geräumigen Ringplatz, in dessen Mittelpunkt sich seine zwei großen Straßen kreuzten. Die eine führte von Osten nach Westen, die andere von Norden nach Süden. Die eine führte vom Bahnhof zum Friedhof. Die andere von der Schloßruine zur Dampfmühle."

Vom Bahnhof in Brody ging ich auf einer schnurgeraden Straße an den nördlichen Stadtrand und kam am jüdischen Friedhof an. Vielen Beschreibungen in Roths Werk steht sein Geburtsort Brody Pate. „Von den zehntausend Einwohnern der Stadt ernährte sich ungefähr ein Drittel vom Handwerk aller Art. Ein zweites Drittel lebte kümmerlich von seinem kargen Grundbesitz. Und der Rest beschäftigte sich mit einer Art von Handel."

Ob in *Das falsche Gewicht* oder auf jenen Seiten, durch die mich Trotta geleitet, ich finde zum Teil nahezu wortgleiche Schilderungen: „Sumpfgeborene waren die Menschen dieser Gegend. Denn die Sümpfe lagen unheimlich ausgebreitet über der ganzen Fläche des Landes, zu beiden Seiten der Landstraße, mit Fröschen, Fieberbazillen und tückischem Gras, das den Ahnungslosen, des Landes unkundigen Wanderern eine furchtbare Lockung in einen furchtbaren Tod bedeutete. Viele kamen um, und ihre letzten Hilferufe hatte keiner gehört. Alle aber, die dort geboren waren, kannten die Tücke des Sumpfes und besaßen selbst etwas von seiner Tücke."

Tücke, ja, die war Roth nicht fremd, seinen biografischen Daten fügte er dieses oder jenes Detail hinzu, strich manches weg, gerade so, wie er es brauchte. Den Lyriker in sich und somit seine literarischen Anfänge leugnete er, lud sein Soldatentum mit Geflunker auf, ein Tausendsassa, ein Hochstapler, den das Getriebensein über sämtliche Grenzen jagte.

Soma Morgenstern erinnert sich einer Begebenheit im *Tournon*, bei der Roth einem der Anwesenden ‚gestand', er sei nicht Sohn seines Vaters und nur ein Halbjude, seine Mutter habe ein Liebesverhältnis mit einem österreichischen Offizier gehabt. „Ich habe manches von Roth erlebt, das ich nicht glaubte, aber auch nicht ernst nahm. *Das* hätte ich ihm nie zugetraut. Das Ungeheuerliche dieses Geständnisses kann man nur begreifen, wenn man seine Mutter kannte. Die gute jüdische Mame! Die Fromme, von der er noch zwei Geschenke besaß: ein Gebetsbuch zur Bar Mizwa und die Tefillen, die er jetzt noch in einer Kiste in seinem Zimmer aufbewahrte!" Solange er die Gebetsriemen mit sich führe, könne ihm nichts passieren, „sagte er mir, sooft wir die Kiste öffneten".

*

Roths Judentum, seine Haltung zum Zionismus, viel wurde darüber geschrieben. Seinen 1927 erschienenen

Essay *Juden auf Wanderschaft* leitet Roth mit einem Vorwort ein. Darin ist zu lesen:

„Dieses Buch verzichtet auf den Beifall und die Zustimmung, aber auch auf den Widerspruch und sogar die Kritik derjenigen, welche die Ostjuden missachteten, verachten, hassen und verfolgen. Es wendet sich nicht an jene Westeuropäer, die aus der Tatsache, dass sie bei Lift und Klosett aufgewachsen sind, das Recht ableiten, über rumänische Läuse, galizische Wanzen, russische Flöhe schlechte Witze hervorzubringen. Dieses Buch verzichtet auf die ‚objektiven‘ Leser, die mit einem billigen und sauren Wohlwollen von den schwanken Türmen westlicher Zivilisation auf den nahen Osten hinabschielen und auf seine Bewohner; aus purer Humanität die mangelhafte Kanalisation bedauern und aus Furcht vor Ansteckung arme Emigranten in Baracken einsperren, wo die Lösung eines sozialen Problems dem Massentod überlassen bleibt.“ Vor allem aber ist dieses Buch „nicht für Leser geschrieben, die es dem Autor übel nehmen würden, daß er den Gegenstand seiner Darstellung mit Liebe behandelt, statt mit ‚wissenschaftlicher Sachlichkeit‘, die man auch Langeweile nennt.“

Langeweile, die kannte Roth nicht, wer stets auf der Flucht ist, dem wird nicht fad, es sei denn, das Fliehen ist eine Methode. Eine solche war es bei Roth nicht; die einzige Methode, die er kannte, war, sich selbst zu positionieren, mal hier, mal da, dann so und wieder anders, aber stets in einer Konsequenz, die er vielen Zeitgenossen voraus hatte. Roth, der Polit-Prophet, der das politische Desaster kommen sah; Roth, der Standhafte, der nach der Machtergreifung der Nazis nicht mehr in Deutschland publizieren wollte; Roth, der Legitimist und Mythomane, der galizische Jude, der sich den Katholiken andiente; der Ehemann und Fremdgeher, der Liebhaber und Eifersüchtige, das Ungeheuer, Roth, das Paradoxon, das keinen Widerspruch duldete, der Purist und Schwätzer und immer wieder der Säufer, dem der Alkohol nicht Ursache, sondern Folge seines Elends war, der lästernde Poet und heilige Trinker, nüchtern betrachtet: Roth, die Legende, an der er selbst mitbaute.

*

Ubi bene, ibi patria – wo es mir gut geht, da ist mein Vaterland, schrieb Cicero – und Roth? „Das Vaterland des echten Schriftstellers ist die Sprache." Und an einer anderen Stelle: „Ich kenne, glaube ich, die Welt nur, wenn ich schreibe, und wenn ich die Feder weglege, bin ich verloren."

Joseph Roth ist im Fabulieren zuhause, seine Sprache ist am französischen Vorbild geschliffen, an Stendhal und Flaubert, deren Präzision er bewundert, sein Zielpublikum ein deutschsprachiges, das mit ‚seiner' Welt vertraut ist, die er mit Symbolen auflädt, die ursprünglich nicht aus der deutschen Sprache stammen. Der Akt des Schreibens wird ihm zur eigentlichen Heimat, so geschehen auch in *Reise durch Galizien*, ein dreiteiliger Bericht, der im November 1924 in der *Frankfurter Zeitung* erscheint: „Es ist schwer zu leben. Galizien hat mehr als acht Millionen Einwohner zu ernähren. Die Erde ist reich, die Bewohner sind arm", formuliert Roth. Zu viele Händler, Beamte, Offiziere und Soldaten gebe es, fährt er fort, und dass alle nur von der produktivsten Klasse profitieren würden, den Bauern. Die seien fromm, abergläubisch, furchtsam und voll scheuer Ehrfurcht vor dem Priester. Sie hätten einen maßlosen Respekt vor der „Stadt", aus der „die seltsamen Fuhrwerke kommen, die ohne Pferde fahren, die Beamten, die Juden, die Herrschaften, Ärzte, Ingenieure, Geometer, Elektrizität, genannt: Elektryka", lese ich, und: „So war's, als der Kaiser Franz Joseph regierte, und so ist es heute."

So ist es heute nicht mehr. Die Kramläden, von denen er schreibt, gibt es nicht mehr in der Bahnhofsstraße von Brody, auch nicht die jüdischen Gemüseverkäufer mit ihren überquellenden Steigen und auch von den Korallentandlern keine Spur. Ein paar ukrainische Händler üben in Geschäften den westlichen Kapitalismus, hilflos wirkt das alles, sechs Klopapierrollen so aufgetürmt, dass sie ein Dreieck ergeben, um zumindest *ein* dekoratives Element in die Auslagen zu bringen.

Und doch hat Roth immer noch Recht. „Es ist schwer zu leben" in Brody, heute wie damals – auch vor dem Angriff der Russen. In der Stadt kämpfte man wie überall in der Ukraine mit der desaströsen Wirtschaftslage. Aus der Ostukraine, sprich, der Hauptstadt Kiew, kam wenig Unterstützung. Und wie in Lemberg wollte man in Brody von der Ostukraine nichts wissen. All das sind Aussagen, die ich vor dem russischen Angriffskrieg hörte. Aus heutiger Perspektive mögen sie nochmals schwerer wiegen. Über das jüdische Erbe der Stadt redet man ungern. Auf Joseph Roth hingegen ist und war man stolz, eine Gedenktafel wurde an den Mauern seiner ehemaligen Schule angebracht, im Schulhof sogar ein Denkmal errichtet. Auch eine Straße hat man nach ihm benannt, die der Bezeichnung ,Straße' Interpretationsräume öffnet. Aber es mangelte eben an Geld, alles Kapital floss in die Restaurierung der Goldgasse. Sie sollte wieder so schön werden, wie sie früher einmal gewesen ist, als Joseph Roth noch durch sie ging auf seinem Weg in die Schule. Wieder und wieder ist er diesen Weg gegangen und in seinen Erinnerungen immer tiefer hinein in seine Jugend und Kindheit. Dort leuchtete auf, was Roth in seinem unvollendeten Roman *Erdbeeren* in Sprache brachte: „Der Herbst bestand bei uns aus flüssigem Gold und flüssigem Silber, aus Wind, Rabenschwärmen und leichten Frösten (...). Die Felder waren gelb, stachelig, hart und taten den Sohlen weh. Sie rochen stärker als im Frühling, schärfer und etwas unbarmherzig. Die Wälder am Rand blieben tiefgrün – es waren Nadelwälder. Im Herbst hatten sie silberne Kämme auf den Häuptern."

*

Das Heimat machte erst im Zug der Industrialisierung eine „Geschlechtsumwandlung" durch und wurde weiblich, zudem aufgeladen mit etwas, vor dem *das* Heimat noch schützen sollte: vor der unberechenbaren Natur. Die Heimat, mehr und mehr zum Kontrapunkt der Industrialisierung und Urbanisierung stilisiert, wurde nunmehr „festgemacht an der unbeschädigten und friedlich-harmonischen Natur", so der Volkskundler und Germanist Hermann Bausinger.

Dieser Protest schimmert auch durch Roths Zeilen, Industrielandschaften bedrücken ihn, obwohl Stadtmensch durch und durch, sehnt er sich wie sein Trotta oft nach einer natürlichen Lebensweise. Aber Landschaftsschilderungen, Stimmungen, Bilder sind Roth nur eine Folie, die Natur ist ihm Mittel zum Zweck; was er schafft, ist ein Machwerk aus Sprache, schlicht Poesie, vom griechischen *poiein* abgeleitet, machen, herstellen. Das Gesagte lässt sich nicht mehr zurücksprechen in die Lippen, durch die das Schweigen einen Strich zieht. Darin erkennt er die Stärke des Worts, einmal ausgesprochen, ist es „eine nie mehr auszulöschende Realität geworden", steht in einem seiner Artikel.

Die Natur als Konstante im Heimatbegriff – auch bei den Gesprächen in England und Israel: Heimat, das sind die Berge. Wie ein Topos tauchten die Gipfel in den Erinnerungen der Vertriebenen auf, das Unverrückbare, ‚Schuldlose' als Metapher für das Vermisste. Und während sie in Gedanken zu Wanderungen aufbrachen, im Blick versunkene Landschaften aufsuchten, musste ich oft an die Tundas und Trottas denken und wiederholt kam mir ein Satz von Roths Biografen David Bronsen in den Sinn, der zum Roman *Erdbeeren* festhielt: „Zu seinem Geburtsort Brody war er im Geiste zurückgekehrt, um von dorther einen Ort anzuvisieren, wo es niemandem schwer fällt, zu leben."

Rückkehr wohin? In Haifa hörte ich: „Es ist ein Paradox, wenn ich das sage, meine Heimat ist Israel und in Österreich fühl ich mich zu Hause." In London erfuhr ich: „Nein, ich könnte nicht mehr in meiner Geburtsstadt leben." In Manchester: „Mir bleibt ja immer noch Israel, wenn ich gar nicht mehr weiß, wohin." In Tel Aviv erklärte mir einer: „Wer die Heimat verliert, tauscht dafür zwei Fremden ein." Sie fanden damit nur andere Worte als Roth in *Die Flucht ohne Ende*, „ich glaube, dass ich sehr fremd in dieser Welt geworden bin", das Gefühl bleibt dasselbe. Auch Franz Tunda, der Protagonist des Romans, erlebt bei der Rückkehr in seine eigentliche Heimat Wien die tiefste Entwurzlung, von der mir so viele Vertriebene berichtet haben: „Ich gehe mit fremden Augen, fremden Ohren, fremdem Verstand an den Menschen vorbei."

*

Roth hat sich schreibend das Verlorene zurückerobert, er „bevölkerte mit dem Personal seines Lebens seine Romane und Geschichten und lebte auch mit seinen erfundenen Figuren wiederum, als wären sie Komparsen seines eigenen Lebens", so Hermann Kesten im Nachwort zu Roths *Der Leviathan*. Im Mittelpunkt dieser posthum erschienenen Erzählung steht der Korallenhändler Nissen Piczenik aus dem „kleinen Städtchen Progrody" – noch deutlicher kann Roth nicht auf seinen Geburtsort Brody anspielen. Entscheidender aber ist: Piczenik sieht seine Ware keineswegs als bloße Erwerbsquelle, vielmehr bauen ihm die Korallen eine innerliche Welt, in der er sich beheimatet fühlt: „Er betrieb das Geschäft in seiner Wohnung, das heißt: er lebte mit den Korallen, Tag und Nacht, Sommer und Winter, und da in seiner Stube wie in seiner Küche die Fenster in den Hof gingen und obendrein von dichten eisernen Gittern geschützt waren, herrschte in dieser Wohnung eine schöne geheimnisvolle Dämmerung, die an Meeresgrund erinnerte, und es war, als wüchsen dort die Korallen, und nicht als würden sie gehandelt."

Progrody, das Piczenik zeitlebens niemals verlässt, verkommt zur Rahmenhandlung, denn „ein unbestimmtes Heimweh war in seinem Herzen, er hätte sich nicht getraut, es beim Namen zu nennen: Nissen Piczenik, geboren und aufgewachsen mitten im tiefsten Kontinent, sehnte sich nach dem Meere." Diese Sehnsucht wird schließlich zum Motor der Flucht vor der geistigen Heimat, die Nissen Piczenik in den Korallen gefunden hat, er will tatsächlich ans Meer: „Solch ein Wunsch kommt plötzlich, ein gewöhnlicher Blitz ist nichts dagegen, und er trifft genau den Ort, von dem er gekommen ist, nämlich das menschliche Herz. Er schlägt sozusagen in seinem eigenen Geburtsort ein. Also war auch der Wunsch Nissen Piczeniks. Und es ist kein weiter Weg von solch einem Wunsch bis zu seinem Entschluß." Und obwohl Piczenik nur das Meer sehen will, bleibt er gleich drei Wochen in Odessa, „so vertraut war er mit dem Wasser, wie er niemals mit seinem Geburts- und Wohnort Progrody vertraut gewesen war." Er kehrt nach Hause zurück, hält es dort aber nicht mehr aus, denn „nicht Progrody, der Ozean war seine Heimat. Also faßte er eines Tages den tödlichen Entschluß seines Lebens."

Piczenik entflieht seiner geographische Heimat, getrieben von der ungeheuren Sehnsucht nach Landschaften, in denen man sich heimisch fühlen kann. Und diese Landschaften lassen sich nur übers Meer erreichen. Vier Tage nach der Abfahrt erleidet der gewählte Dampfer jedoch Schiffbruch, Piczenik ertrinkt samt allen Passagieren. Er unternimmt keineswegs den Versuch, sich zu retten, sondern stürzt sich „über Bord ins Wasser", in seine Heimat.

*

„So wurde ihm die Flucht zur Heimat", schreibt Soma Morgenstern über Joseph Roth und: „Das Reisen war seine zweite Art, sich zu berauschen." Reiste er, weil ihm das Nirgendwo lieber war als das Zuhause, das er als Ort nicht akzeptierte? Wenn Roth laut Morgenstern immer schon an Heimatlosigkeit litt, ist das kein Widerspruch. So rastlos, wie er lebte, schrieb er, auf Wahrheitsanspruch war er nicht aus, weder als Schriftsteller noch als Journalist, die Grenzen verschwimmen bei ihm ohnehin. Subjektivität war das Seine, Objektivität nannte er eine Schweinerei – das ist nur einer seiner Gedanken, die ihn mir für immer zum Reisebegleiter machen, auch durch Zeilen wie diese.

Freilich, eine Reportage im herkömmlichen Sinn ist das hier nicht, ich berichte zu wenig aus der unmittelbaren Anschauung, über die jetzigen Verhältnisse in den Banlieues, geschweige denn von jenen in der Ukraine und von der momentanen Lage in Israel. Lausche ich zu sehr in mir selbst, wie Roth es mich lehrt? Ich agiere vom Schreibtisch aus. Geht das denn? Oder: Sind das denn (legitime) Reisebeschreibungen? „Die Begriffe, die wir kennen, decken nicht mehr die Dinge. Die Dinge sind aus den engen Kleidern herausgewachsen, die wir ihnen angepaßt haben."

Solche Sätze wurden mir zum Land, das mir nachfuhr in die Ukraine, nach Frankreich, England und Israel. „Ich fahre höchstens ins Neue" und kann nicht darüber berichten. „Ich kann nur erzählen, was in mir vorging und wie ich es erlebte." Als Überraschung allemal und doch auch als Bestätigung. Religiöses klammere ich aus, weil es in den Leben der Menschen, die ich in England und Israel besuchte, vor ihrer Vertreibung kaum und danach überhaupt keine Rolle mehr spielte. Auch Emir kehrt in seinen Träumen nicht nach Sarajewo zurück, weil sein Glaubensbekenntnis ein muslimisches ist, nein, nicht deswegen. Er fühle sich als Mensch und daher der Menschheit zugehörig, Punktum. Pendelt zwischen Balkan und Tirol, heimisch hier wie dort, seine Sehnsucht aber eine sehr einseitige und nur in Innsbruck verspürte, sagt er und wischt sich ein Lachen vom Mund, ehe er darüber erschrecken kann.

Immer auf der Flucht, immer unterwegs, Roth scheute sich nicht, in seinen journalistischen Arbeiten ein Ich vor die Sätze zu spannen, in seinem Leben zerfiel es wie in seinen Romanen in viele Figuren. Irmgard Keun zu ihren gemeinsamen Jahren mit Roth: „Er war gequält und wollte sich selbst loswerden und unter allen Umständen etwas sein, was er nicht war. Bis zur Erschöpfung spielte er zuweilen die Rolle eines von ihm erfundenen Menschen, der Eigenschaften und Empfindungen in sich barg, die er selbst nicht hatte. Es gelang ihm nicht, an seine Rolle zu glauben, doch er empfand flüchtige Genugtuung und Trost, wenn er andere daran glauben machen konnte. Seine eigene Persönlichkeit war viel zu stark, um nicht immer wieder das erfundene Schattenwesen zu durchtränken, und so empfand er sich manchmal als ein seltsam wandelndes Gemisch von Dichtung und Wahrheit, das ihn selbst zu einem etwas erschrockenen Lachen reizte."

Flüchtig, leider auch die Genugtuung.

*

Ich schlendere mit Trotta aus dem *Café Tournon* geradewegs auf den ehemaligen Schlosspark zu und erzähle ihm, was ich vor ein paar Tagen gelesen habe:

Es war gegen Mittag des 3. Mai 1939, als sich Joseph Roth und Soma Morgenstern, der an diesem Tag Geburtstag hatte, in den Jardin du Luxembourg begaben. Roth strengte das Gehen sichtlich an, doch er wollte unbedingt in eine abseitige Allee, in der es zu dieser Tageszeit menschenleer war. Als die beiden dort im Schatten saßen, sagte Roth zu seinem Freund: Weißt du, warum ich dich hierher geschleppt habe? Ich wollte dich bitten, dass du mir meine zwei Lieblingslieder singst. In unserem Zimmer im Hotel ist vermutlich niemand zum Singen und auch nicht zum Hören aufgelegt. Also sang der Freund zuerst das jüdische Lied *Es war einmal eine Geschichte* und auf Roths weiteres Drängen auch das ukrainische *Hyla, hyla*. Roth hörte zu, beide Hände auf seinen Stock gestützt, und schwieg eine Weile, als die Lieder verklungen waren. Sein Freund aber sah, wie ihm die Tränen übers Gesicht liefen und auf die Finger tropften. Der Rückweg ins *Café Tournon* fiel beiden schwer, Roth musste sich immer wieder setzen und seine Schuhe aufschnüren. „Es war das letzte Mal, dass ich ihm ein Lied gesungen habe", schreibt Soma Morgenstern und: „Es war sein letzter Spaziergang."

War es nicht! Denn plötzlich spaziert Roth aus meinem Bücherregal, verwandelt sich der Jardin du Luxembourg in meinen Schreibtisch, auf dem Fotos liegen, die Emir inmitten der nach England und Israel Vertriebenen zeigen. Im Blick versunkene Landschaften sehe ich, über die sich nun Roths Worte legen: „Was Nissen Piczenik betrifft, so kann man nicht sagen, er sei einfach ertrunken, er war vielmehr – dies kann man mit gutem Gewissen erzählen – zu den Korallen heimgekehrt. Und ich bürge dafür, daß er zu den Korallen gehört hat und daß der Grund des Ozeans seine einzige Heimat war."

Je suis en route – Pariser Depeschen

Je suis en route – auf dem Boulevard Raspail, der in nord-südlicher Richtung durch drei Arrondissements führt, von Saint-Germain bis hinauf nach Denfert-Rochereau. Vor mir ein Jugendstilbau, gerade einer Generalsanierung unterzogen. Was wird bleiben vom *Hôtel Lutetia*, in dem einst Henri Matisse und Pablo Picasso abgestiegen waren? Der Name des Hotels verweist auf die ursprüngliche Bezeichnung für Paris – und auf mehr.

In den 30er-Jahren tagte hier der Lutetia-Kreis, deutsche Oppositionelle und Heimatvertriebene, unter ihnen Heinrich Mann, Lion Feuchtwanger und Ernst Toller. Bald aber wehte die Hakenkreuzfahne vom Dach, residierten Hitlers Spionageschergen in den Räumlichkeiten, die nach Kriegsende wiederum KZ-Überlebenden und Displaced Persons Obdach boten. Jahre sollten vergehen, ehe die Rede wieder auf den Glanz früherer Tage kommen konnte, im exquisiten Art-Déco-Ambiente der Hotelbar, die auch Octavio Paz kannte. Längst zu Weltruhm gelangt und mit dem Nobelpreis für Literatur bedacht, nahm er oft im *Hôtel Lutetia* Quartier. Doch Paz wusste um das Trauma der Okkupation und unmittelbaren Nachkriegszeit ebenso.

Bereits 1945 trifft er das erste Mal in Paris ein. In den knapp sechs Jahren seines Aufenthalts schreibt er am *Labyrinth der Einsamkeit* und gilt hernach als eine der wichtigsten Stimmen Lateinamerikas. An ihr reiben sich in der Folge zahlreiche Autorinnen und Autoren, finden aber auch Orientierung. Eine davon Alejandra Pizarnik, zu deren viertem Lyrikband Paz 1962 ein Vorwort beisteuert.

Geboren wird Alejandra Pizarnik 1936 in Buenos Aires. Dorthin sind ihre Eltern, ukrainische Aschkenasim, unter

Mithilfe eines Verwandten aus einem Pariser Vorort, zwei Jahre zuvor geflohen. Früh zeigt sich Pizarniks Interesse an Literatur, jedoch auch ihr Hadern, nicht zuletzt an ihrer Sprache. Den osteuropäischen Akzent wird sie bis ans Lebensende nicht los, nicht das Stottern. Suizidgedanken werden zur Obsession, Alkohol, Drogen, das Überschreiten sexueller Schranken. Ihr Vorbild der *poète maudit* Arthur Rimbaud. Sie will es ihm gleichtun, in allen Belangen – das kann nur missglücken. Denn dass er als 19-Jähriger von der Dichtung ablässt, nur zu verständlich, „aber ich bin Dichterin", ruft sie sich desperat zu. Und veröffentlicht ihren ersten Band in jenem Alter, als der Franzose sich vom Schreiben abwendet. Pubertäres Getue? Eine Selbstinszenierung, gewiss, aber eine, die in tiefer Verzweiflung wurzelt.

Ihrem Erstling, sie verwirft ihn selbstredend, folgen weitere Lyrikbände, die sie zur bedeutendsten jüdischen Dichterin spanischer Sprache in der Moderne machen. Ab 1954 führt sie ferner ein Tagebuch, darin ihr Ringen um Sprache, ihr Wille zur Form, Prosa möchte sie schreiben, einen Roman, ihr permanentes Scheitern an diesem Vorhaben. Das Tagebuch ist Teil ihres literarischen Schaffens, zu lesen wie ein Lebensroman, in dem Licht und Schatten sich fragmentieren und doch zum Ganzen fügen. Im Juli 1955 notiert sie: „Ich habe von meinen Vorfahren den Hang zur Flucht geerbt (...). Von jedem Zipfel Erde oder Meer haben sie sich etwas erschlichen und mich so geformt, wodurch sie mich zur ewigen Suche nach einem Herkunftsort verurteilt haben." Zu Silvester, vier Jahre später, sonnig: „Ich werde nach Paris fahren. Ich werde mich retten."

Im März 1960 geht sie an Bord eines Schiffes nach Frankreich. Sie wohnt zunächst bei jenen Verwandten, die ihren Eltern bei der Flucht geholfen haben, andere Familienmitglieder gibt es in Europa nicht mehr, sie wurden allesamt deportiert und ermordet. Dann zieht Pizarnik ins Quartier Latin, sie verfasst Kritiken und Essays, wird Mitarbeiterin der Literaturzeitschrift *Les Lettres Nouvelles*, steht in regem Austausch mit Simone de Beauvoir, Marguerite Duras, Cortázar, Calvino und Paz. Doch die Schatten holen sie auch in Paris ein, in ihrem Tagebuch der Eintrag: „Der Wahnsinn. Er ist im Vormarsch." Sie kann nicht anders, „muss alles im Rausch erleben." Und: „Jedenfalls ist der Horizont immer mein Selbstmord."

Nach vier Jahren kehrt sie nach Buenos Aires zurück, „die Wörter hätten mich retten können, aber ich bin zu lebendig", schreibt sie und fragt sich, „wann hören wir auf zu fliehen? Wann? Wo? Wie? Für wen?"

Im September 1972 nimmt sich Alejandra Pizarnik im Alter von 36 Jahren das Leben.

In Paris wohnte sie zuletzt in der Rue Saint-Sulpice, kaum zehn Gehminuten vom *Hôtel Lutetia* entfernt. Oft spazierte sie den Boulevard Raspail hinauf bis Denfert-Rochereau und von dort weiter in den nahen Parc Montsouris. *Je suis en route.*

*

Je suis en route – ich schlendere den Boulevard Montparnasse entlang und geradewegs zu auf eines der berühmtesten Pariser Literatencafés, *La Closerie des Lilas.* „Der einzige Dichter, dem ich hier je begegnet bin, war Cendrars", schrieb Ernest Hemingway, selbst Stammgast in diesem Lokal, in dem sich Tristan Tzara und André Breton über den Dadaismus in die Wolle gerieten.

Ich lasse den Mantel an, taste nach dem schmalen Band in der Tasche, bin auf dem Sprung. Auch das Dekor im Stil der 20er-Jahre interessiert mich wenig, durchs Fenster erblicke ich die Statue von Marschall Ney, wieder denke ich an Hemingway und: Cendrars habe das zerschlagene Gesicht eines Boxers gehabt, „ein leerer, mit Nadeln zugenähter Ärmel, so drehte er sich, mit der einzigen Hand, die ihm geblieben war, eine Zigarette."

Wie er dies schaffte, erstaunte auch Philippe Djian, dessen Buch *In der Kreide* ich nun aus der Manteltasche ziehe. Djian beschäftigt sich darin mit zehn Schriftstellern, die auf sein Schreiben, vor allem auf sein Leben großen Einfluss ausübten, einer davon der im Schweizer Jura geborene Frédéric Louis Sauser, der als 26-Jähriger in Paris eintrifft und als Blaise Cendrars in die Literaturgeschichte eingegangen ist. Der Künstlername sollte seine Herkunft verschleiern, wie er später bekennt. Fünfzehn Jahre wird er in Paris bleiben, ein Vagabund par excellence, er liebe *la vie dangereuse* mehr als das Bücherschreiben. Und so verkehrt er in Anarchistenkreisen, wohnt unter Mördern und Revolutionären, arbeitet als Söldner, Chauffeur und Zirkusakrobat.

Eines Tages wird er bei einem Buchdiebstahl erwischt, was ihm Haft einbringt und in weiterer Folge die Bekanntschaft jenes Dichters, dessen Buch er geklaut hat: Guillaume Apollinaire. Bei dem zieht er später ein, dann bei Marc Chagall, schließlich mietet er – kaum zehn Gehminuten von der *Closerie* entfernt – eine Wohnung in der Rue Jean Dolent.

Nicht sehr einladend wirkt das Haus heute, seine Fenster erinnern an Schießscharten, ich lege kurz den Kopf in den Nacken, wie Cendrars es immer getan haben soll, wenn er seine Wohnung verließ. Habe er ein Flugzeug am Himmel entdeckt, sei er sofort ins Haus zurück und habe die Koffer gepackt. Eine der vielen Anekdoten, die sich um sein Leben ranken. Freilich, viele seiner Reisen sind imaginär, er ist in Worten unterwegs, sie spiegeln seine innere Unruhe wider. Und Cendrars weiß, „on se dit merde de tous les coins de l'univers", man rufe sich Scheiße zu von allen Enden der Welt, aber er liebt die Welt wie wohl kaum ein anderer Schriftsteller vor und auch nach ihm.

Als der Erste Weltkrieg ausbricht, muss Cendrars an die Front, 1915 erleidet er eine schwere Verwundung, eine Granate reißt ihm den rechten Arm ab. Sein Lebenswille wird dadurch nur noch stärker, sein Ansatz radikaler.

„Was mich mit der Zeit am meisten anwiderte, war die Literatur mit ihren langweiligen Aufgaben und Geschäften und das gekünstelte und konformistische Leben, das die Schriftsteller führten", heißt es in *Moravagine*, heute oft als sein Hauptwerk bezeichnet. Dabei erreicht Cendrars gerade in seinen Gedichten eine Intensität, die ihresgleichen nicht hat.

Die Gedichte Cendrars sind es auch, die Philippe Dijan besonders erwähnt. „Cendrars ist wie ein Virus", schreibt er, ihn lesend komme einem das Leben wunderbar vor, selbst wenn es grauenhaft sei. „Jeder normale Mensch sollte einen guten Koffer besitzen. Und Cendrars lesen."

Cendrars stirbt 1961, wie Hemingway. Auch dem widmet Djian einen Text. Djian, in Paris geboren, wuchs im 10. Arrondissement auf. *Je suis en route.*

*

Je suis en route – ich lese mich von einem Brief in den nächsten, laufe durch Straßen und gelange schließlich in die Rue des Favorites. Hier hatte Samuel Beckett 1937 seine erste Wohnung in Paris bezogen, hier traf im August 1942, kaum eine halbe Stunde nach seiner Flucht, die Gestapo ein. Später wird er seine Tätigkeit in einer französischen Widerstandsgruppe als Pfadfinderkram bezeichnen und:

„Obwohl ich 1942 verschwinden musste, konnte ich meine Wohnung behalten. Ich kehrte dorthin zurück und begann wieder zu schreiben – auf Französisch." Bis an sein Lebensende wird ihm Paris Heimatstadt bleiben, auch wenn es ihm manchmal schwerfällt, „das Frankreich wiederzuerkennen, an das man sich einmal geklammert hat, an das ich mich noch immer klammere."

Was ihn dazu bewogen habe, nicht mehr in seiner Muttersprache zu schreiben – noch oft wird Beckett in den folgenden Jahren auf die Beweggründe angesprochen werden. Die Palette seiner Antworten reicht von „um mich bemerkbar zu machen" über „ich hatte einfach Lust dazu" bis hin zur bemerkenswerten Aussage: „um ohne Stil zu schreiben." 1968 wird er hinzufügen: „Um mich noch ärmer zu machen. Das war der wahre Beweggrund."

Ein Jahr später wurde er mit dem Nobelpreis für Literatur ausgezeichnet, schon zuvor war er mit *Warten auf Godot* zum weltberühmten Schriftsteller geworden. Das hat Beckett nicht vor Selbstzweifeln gefeit, im Gegenteil. Davon zeugt sein umfangreiches Briefwerk, mehr als 15 000 Briefe umfasst es, adressiert an Familienangehörige, Freunde, Verleger und Wegbegleiter. In der Korrespondenz spiegeln sich Becketts Interessen wider, seine Beschäftigung mit diverseren Literaturen, mit Musik und bildender Kunst, sein poetologischer Ansatz. Mal tritt er einem selbstbewusst entgegen, dann hadernd, das Scheitern am Leben wird manifest, es bedingt jedoch mitnichten Selbstaufgabe, sondern immer wieder Neuanfang. Und so sind Sätze wie „ich kann den Mund nicht aufmachen, ohne den Kopf zu verlieren" keineswegs als launisches Aperçu oder gar als Attitüde zu lesen, vielmehr beinhaltet der Satz wohl den Appell, den Kopf beim nächsten Mal besser zu verlieren. Kann man sich von einem Nobelpreisträger einen klügeren Rat erhoffen?

So mag es auch Robert Pinget empfunden haben, mit dem Beckett eine langjährige Freundschaft und Arbeitsbeziehung verband. Pinget, 1919 in Genf geboren, zog es nach Ende des Zweiten Weltkriegs nach Paris. Zunächst publizierte er einen Band mit Erzählungen, später Romane und Novellen, schließlich wandte er sich vermehrt dem Theater, dem Hörfunk und auch dem Fernsehen zu. Bald trat er in brieflichen Kontakt mit Beckett, suchte Ermutigung für sein Schreiben. Beckett rät ihm: „Verzweifeln Sie nicht, stecken Sie Ihren Stecker in die Verzweiflung und singen Sie uns von ihr." Ein andermal antwortet er dem jüngeren Kollegen: „Überleben – ich weiß, das ist nicht die Frage, und es ist kein Argument. Aber weiterschreien zu können, ist vielleicht eins, für die, die nicht schweigen können."

Heute gilt Pinget, der 1997 in Tours starb, als einer der bedeutendsten, auch radikalsten Vertreter des *Nouveau roman*. Dennoch scheint er zumindest im deutschsprachigen Raum in Vergessenheit geraten zu sein. Die Lektüre seiner Bücher sei hiermit allen anempfohlen, die der Briefe Becketts ebenso: „Aber nachdem ich ein Leben lang Mist gebaut habe, steht es mir nicht zu, Ihnen Ratschläge zu erteilen", so Beckett an Pinget. Wieder scheitern. Besser scheitern. *Je suis en route.*

*

Je suis en route – vor einem Lokal in der Rue Saint-Benoît halte ich inne. Die Terrasse des Cafés noch unbelegt, und doch habe ich kurz das Gefühl, sie zu sehen: an ihren Händen schwere Ringe, an der rechten Jade, links Diamanten, ihre Kleidung hingegen altmodisch und formlos. „Ich sehe immer wie eine Clochardin aus", sagte sie einmal. Dabei litt sie an Geld keinen Mangel, ihre Bücher erreichten hohe Auflagenzahlen, *Moderato cantabile* zum Beispiel oder *Der Liebhaber*. Das Buch erschien 1984, wurde millionenfach verkauft und in vierzig Sprachen übersetzt, brachte ihr den renommierten *Prix Goncourt* ein. Aber schon Jahre zuvor war sie durch das Drehbuch für den Film *Hiroshima, mon amour* zu internationaler Bekanntheit gelangt: Marguerite Duras.

Im Alter von 18 Jahren kommt sie nach Paris, geboren 1914 nahe Saigon, Vietnam, damals noch Französisch-Indochina. Als die Deutschen 1940 die französische Hauptstadt besetzen, geht sie in den Widerstand, schließt sich den Kommunisten an.

Gleich gegenüber ihrem Stammlokal wohnte sie mehr als ein halbes Jahrhundert lang. Eine Vierzimmerwohnung, abgeblättert die Wände, in der Küche speckig, abgeschlagenes Geschirr. Eine emaillierte Kübelwanne im Bad, Blümchengardinen vor den Fenstern. In ihrem Arbeitszimmer nebst Schreibtisch ein schmales Bett mit karierter Decke, überall Bücher, Manuskripte, Fotos und Einladungskarten, wahllos an die Wand gepinnt. Trotz der Tantiemen, die ihr *Der Liebhaber* bescherte, weigerte sie sich, die Wohnung renovieren zu lassen. Jeder Komfort widerte sie an, „es gibt nichts Wahres im Realen", sagte sie, sie suchte die Leere, kreiste um diese, ihre Bücher handeln davon.

Über viele Jahre hinweg ist ihre Wohnung Treffpunkt der geistigen Elite Frankreichs und der Genossen aus der KPF. Nächtelang debattieren sie in der Rue Saint-Benoît über die Probleme der Arbeiterklasse und entwerfen die Welt neu, getrunken wird ohnehin, bis keiner mehr aufrecht stehen kann. Michel Leiris ist unter den Gästen, Georges Bataille und Raymond Queneau, Jacques Tati und Clara Malraux sind es ebenso. Im Kreis der Diskutanten taucht auch Sartre auf, Duras mag ihn nicht besonders, die

Abneigung beruht auf Gegenseitigkeit. Fasziniert ist sie hingegen von Elio Vittorini, Schriftsteller, Publizist und Übersetzter, vor allem aber Oppositioneller innerhalb der italienischen KP. Und das nichts grundlos.

Geboren wurde Vittorini 1908 auf Sizilien, 1930 zog er nach Florenz. Lange arbeitete er als Journalist und Übersetzer aus dem Englischen, mit Cesare Pavese gab er eine Anthologie amerikanischer Literatur heraus. Zunächst war er dem Faschismus nahegestanden, hatte in dessen einschlägigen Journalen publiziert, was sich aber mit Beginn des Spanischen Bürgerkriegs änderte. Als bedeutendstes Werk Vittorinis gilt heute der Roman *Conversazione in Sicilia*, der 1941 erschien und bereits zwei Jahre später in der Schweiz ins Deutsche übersetzt worden war. Vittorini sei die Stimme der Verbotszeit gewesen, er habe die Zeit vorausgefühlt und ihr ihren Mythos gegeben, schreibt Pavese zu diesem Buch.

Vittorini starb 1966, dreißig Jahre später die Duras. Sie ist auf dem Friedhof Montparnasse begraben, den sie früher gerne besucht hatte, im 6. Arrondissement einer Stadt, die sie liebte, „ganz gleich, in welchem Licht, ganz gleich, zu welcher Jahreszeit, ganz gleich, zu welcher Stunde." *Je suis en route*.

*

Je suis en route – ich suche nach den Spuren einer Straße, die es nicht mehr gibt. Vor Kurzem noch war ich in Saint-Germain-des-Prés, in der Kirche Saint-Sulpice. Dort habe ich an einen Film denken müssen, habe den Mittagsweiser gesehen und die große Hauptorgel auf der Westempore. Die Orgel geht zurück auf ein Instrument, das Heinrich Heine erblickt haben dürfte, als er in dieser Kirche am 31. August 1841 seine ‚Mathilde' heiratete. Ihr richtiger Vorname, Crescensia, habe ihm immer in der Kehle wehgetan, so Heine, sie rief ihn Henri – es wird ihr mit seinem Namen wohl ähnlich ergangen sein.

Gut zehn Jahre vor der Hochzeit war Heine „ins Land des Champagners und der Marseillaise" aufgebrochen. Sein erster Eindruck: „Wahrhaft überrascht mich die Menge von geputzten Leuten." Er unterhält sich mit ihnen in leidlichem Französisch, unüberhörbar sein rheinischer Akzent. Doch er ist fest entschlossen zu bleiben. Einem Bekannten teilt er mit, er beabsichtige, „in der Bibliothek emsig zu studieren und nebenbei für die Verbreitung der deutschen Literatur, die jetzt in Frankreich Wurzeln schlägt, tätig zu sein." Er verdingt sich als Zeitungskorrespondent, besucht Theateraufführungen, trifft Kollegen: Hugo, Balzac, Gautier. Letzterer macht ihn wahrscheinlich mit seinem einstigen Klassenkameraden und Freund Gérard de Nerval bekannt, der einen Teil von Heines Lyrik ins Französische übersetzt hat.

Nerval, elf Jahre jünger als Heine, hat bereits früh ausgeprägtes Interesse an der deutschen Literatur. Als 18-Jähriger übersetzt er Goethes *Faust I*, einige Jahre später macht er sich an den zweiten Teil der Tragödie. Er reist nach Deutschland, was in seinem Buch *Lorely, souvenirs d'Allemagne* Niederschlag findet. Seine Ruhelosigkeit treibt ihn weiter, nach Österreich, Belgien, Ägypten, Syrien, die Türkei und England.

Als er Heine kennenlernt, lebt Nerval in einer Sackgasse in der Nähe des Louvre. Er verkehrt mit Bettlern, Tagedieben und Dirnen, hält seine Eindrücke in Form von Zeitungsfeuilletons fest. Ein Vagabund und Nachtschwärmer ist er, auf dem Montmartre zu wohnen, sein Jugendtraum, geht 1840 in Erfüllung. Er verliebt sich in eine Schauspielerin, ihrerseits nur ein Flirt, sie heiratet einen Musiker von der *Opéra Comique*.

Das Scheitern seiner Liebe verarbeitet Nerval in der Erzählung *Aurélia*, Angstpsychosen und Wahnvorstellungen attackieren ihn, er begibt sich in Behandlung. Seine Freunde Heine und Gautier ermutigen ihn, er schreibt weiter, Erzählungen, Erinnerungen, Gedichte.

Von seinen Zeitgenossen wird Nerval kaum wahrgenommen, erst Rimbaud, Baudelaire und später die Surrealisten würdigen die Größe seines Schaffens. Darin bilden Traum und Wirklichkeit eine Einheit. „Je suis le ténébreux", dichtet er, „ich bin der Dunkle", er bezeichnet sich als Aquitaniens Prinz, dessen Turm in Trümmern liegt; „ma seule étoile est morte", sein einziger Stern ist tot und das Sternbild seiner Laute zeigt „le *Soleil* noir de la *Mélancholie*".

Voll Zorn beobachtet Nerval die Tätigkeiten des Architekten Baron Haussmann, der gerade damit beginnt, Paris ein Stadtbild zu geben, das bis heute erhalten ist. Und immer öfter versinkt er in seinem Wahn. Mit einem Hummer an der Leine streunt er durch die sich verändernde Stadt, das Tier sei artig und belle nicht, eröffnet er neugierigen Passanten.

Das *Théâtre de la Ville* ist eines der beiden Pariser Schauspielhäuser, die Haussmann entworfen hat. Man betritt es unweit der Place du Châtelet, an der Grenze zwischen 1. und 4. Arrondissement. Dort befand sich einst la Rue de la Vieille-Lanterne, in die sich Nerval in einer Jännernacht im Jahr 1855 begab, um seinem Leben ein Ende zu setzen: *suicide par strangulation*. Gérard de Nerval liegt am Friedhof Père Lachaise begraben. *Je suis en route.*

*

Je suis en route – ich lasse Sacré-Cœur hinter mir, spüre die Blicke der Soldaten in meinem Rücken, bleibe stehen.

Für ein Gefühl der Sicherheit sollen sie sorgen? Schusssichere Westen, Maschinenpistolen im Anschlag, *l'opération Sentinelle* nennen sie das hier, es gibt sie seit Jänner 2015. Ein Chanson kommt mir in den Sinn, *Le déserteur* von Boris Vian, 1954 geschrieben, einen Skandal löste es aus. Eine Aufforderung zur Desertation konnte die Grande Nation nicht brauchen, gerade hatte sie in Indochina ihr Waterloo erlebt und war in den Algerienkrieg gezogen. Bis Kriegsende 1962 durfte das Chanson nicht ausgestrahlt werden, zugleich wurde es weit über Frankreichs Grenzen hinaus zum Protestlied einer Generation. Von Joan Baez interpretiert, von Wolf Biermann auch, in zahlreiche Sprachen übersetzt, bis ins Schweizerdeutsch schaffte es Vian, *Der Dienschtverweigerer* von Franz Hohler zeugt davon, der übrigens noch in den 80er-Jahren eine vergleichbare Reaktion auslöste.

Nicht von ungefähr denke ich an Vian, er wohnte einen Spaziergang entfernt von der Basilika Sacré-Cœur, in der Cité Véron, unweit des *Moulin Rouge*. Einer seiner Nachbarn war der populärste französische Lyriker jener Zeit: Jacques Prévert. Stets eine Zigarette im Mundwinkel, so sah ein Mann des Volkes damals aus.

Prévert, 1900 in einem Vorort von Paris geboren, verlässt mit 15 die Schule, aus Langeweile, wie er gerne betont, und verdingt sich auf Pariser Großmärkten als Kistenstapler. Anfang der 20er-Jahre macht er Bekanntschaft mit Yves Tanguy, befreundet sich später mit Raymond Queneau und stößt zur Gruppe der Surrealisten. Nicht lange hält es ihn dort, es kommt zu Unstimmigkeiten mit André Breton, dessen Gebaren ihm zuwider ist, Prévert gründet eine eigene Gruppe. Zunächst zieht es ihn zu Film und Theater, er entwirft Dialoge, Szenen, Drehbücher, arbeitet mit renommierten Regisseuren zusammen. Dann, 1946, publiziert er den schmalen Gedichtband *Paroles* – und wird zum Star. Viele Gedichte werden vertont, von Größen wie Yves Montand und Juliette Gréco zum Besten gegeben, sie singen von Liebe, Glück und anderen Katastrophen des Lebens. Volksnah will er sein, antikonformistisch aber auch, gegen Militär und Staat wettert Prévert, die Kirche hasst er ohnedies. Sein Pater Noster eröffnet mit den Zeilen: „Vater unser, der du bist im Himmel, bleibe dort."

Im Erscheinungsjahr der *Paroles* sorgt ein weiteres Buch für Furore, ein Roman des bis dahin völlig unbekannten Amerikaners Vernon Sullivan. Als Übersetzer von *J'irai cracher sur vos tombes* (Ich werde auf eure Gräber spucken) gibt sich der zu jener Zeit gefeierte Jazztrompeter, aber wenig erfolgreiche Autor Boris Vian aus. Der Roman zieht alle Register der damals gängigen amerikanischen Kriminalliteratur, wie er jedoch erzählt wird, indem er vordergründig Sex und Gewalt offeriert, um in galligem Duktus rassistische Vorurteile vor Augen zu führen, das sorgt für einen Skandal. Und in dessen Mittelpunkt befindet sich, gut ein Jahr nach Veröffentlichung des Buchs: Boris Vian. Mittlerweile ist sein ‚Pseudonym' Sullivan aufgeflogen, ein Prozess gegen ihn wird angestrengt, sein Roman schließlich als „jugendgefährdendes Schrifttum" eingestuft und verboten.

Finanziell bedeutet das Verbot für den 26ig-jährigen Vian nahezu den Ruin. Sein ebenfalls 1946 verfasster Roman *Der Schaum der Tage* wird infolge des Verdikts kaum wahrgenommen, der Verlag wendet sich von ihm ab. Da helfen auch Interventionen von Jaques Prévert nicht, und dass Raymond Queneau *Schaum der Tage* als „den ergreifendsten zeitgenössischen Liebesroman" bezeichnet, verhallt ungehört. Der Erfolg kommt erst posthum. Heute zählt Vians surreale Liebesgeschichte zu den wichtigsten Romanen Frankreichs.

Es gebe nur zwei Dinge, die zählten, schreibt Vian in der Vorrede zu *Der Schaum der Tage*: die Liebe und die Musik von Duke Ellington. Alles andere möge verschwinden. Dass auch sein Roman nicht verschwand, verdankt sich der Tatsache, dass Vian – stets die Wirklichkeit vor Augen – tatsächlich ein Antikonformist war, der Reales und Erfundenes, Poesie und Prosa ineinander verschmolz, wie kaum ein anderer es je vermochte. Sein Roman ist die Antwort auf ein aus den Fugen geratenes Europa, das sich an moralischen Grundsätzen ergötzt, als hätte es die zwei Weltkriege nicht gegeben. Vians Trumpf ist die Narretei, was er aber schreibt, ist weit weniger verrückt als das, was wir für real halten.

Immer noch die Blicke in meinem Rücken, mein Herumstehen macht mich verdächtig. Das Kino, in dem Boris Vian, gerade einmal 39 Jahre alt, am 23. Juni 1959 starb, befand sich einst in der Rue Marbeuf im 8. Arrondissement. Vian hatte sich dort die Filmpremiere seines Erstlings *Ich werde auf eure Gräber spucken* ansehen wollen. *Je suis en route.*

*

Je suis en route – bei frühlingshaften Temperaturen über den Pont du Carrousel. Rechts die Glaspyramide vor dem Louvre, Sicherheitskräfte, Maschinenpistolen, linkerhand ein paar Stufen hinab in den Jardin des Tuileries. Von hier ist es nicht weit zum *Théâtre Marigny*, in dem Stefan Zweig 1940 bei seinem letzten Parisaufenthalt einen Vortrag hält, einige Wochen später patrouillieren deutsche Soldaten durch die Stadt: „Totale Depression, Frankreich verloren, für Jahrhunderte zertrümmert", Zweig verzweifelt.

36 Jahre zuvor war er erstmals an die Seine gekommen: „Nirgends empfand man mit aufgeweckten Sinnen sein

Jungsein so identisch mit der Atmosphäre wie in dieser Stadt, die sich jedem gibt und die doch keiner ganz ergründet." Im 9. Arrondissement hatte er eine Bleibe gefunden, in der Rue Victor Massé, benannt nach einem bretonischen Komponisten, gestorben in Paris, sein Grab befindet sich auf dem Cimetière de Montmartre. Wichtiger aber war für Zweig bei der Quartiersuche wohl die Nähe zu Verlaine, der einst im selben Stadtteil gelebt hatte. Oft trieb es ihn daher auch ins *Café Vachette*, das es heute nicht mehr gibt, Verlaine und Rimbaud hatten dort gezecht, Zweig trank auf sie.

Nach einem Jahr verlässt er Paris, weiter nach Belgien, England und Spanien. 1905 erscheint sein Buch über Paul Verlaine, zwei Jahre später seine Einleitung zu *Rimbaud: Leben und Dichtung*. 1911 reist er erneut nach Paris, es kommt zur ersten Begegnung mit Romain Rolland, eine Freundschaft entsteht, Niederschlag findet sie unter anderem in einem Briefwechsel, geführt vor dem Hintergrund des Ersten Weltkriegs, die intellektuelle Auseinandersetzung zweier Pazifisten. Freilich, die beiden verbindet mehr als die Abscheu vor martialischer Propaganda und Kriegseuphorie, schon 1910 lässt der im Burgund geborene Rolland seinen um fünfzehn Jahren jüngeren Kollegen wissen: „Sie sind ein Europäer. Ich bin es auch, aus vollem Herzen."

Im Sommer 1914 befindet sich Romain Rolland in der Schweiz, am Genfer See, er ist 48 Jahre alt, hat seine Professur an der Sorbonne aufgegeben und will sich ganz dem Schreiben widmen. Der große Erfolg seines Romanzyklus *Jean-Christophe* bildet das finanzielle Rückgrat, er erwägt die Gründung einer internationalen Zeitschrift, für die er Schriftsteller aus Europa gewinnen möchte, mit Rilke und H. G. Wells steht er diesbezüglich in Kontakt. Der Ausbruch des Kriegs macht alle Pläne zunichte.

„Ich bin am Boden. Ich möchte tot sein. Es ist furchtbar, inmitten dieser wahnsinnigen Menschheit zu leben und ohnmächtig dem Bankrott der Zivilisation beizuwohnen", notiert er Anfang August 1914 in sein Tagebuch. Er bleibt in der Schweiz. Erschüttert über die Rhetorik, derer sich Intellektuelle in Europa bedienen, reagiert er mit öffentlichen Aufrufen und Ermahnungen auf die Kriegsereignisse. Und macht sich damit im Land seiner Herkunft zur Unperson: „Ich fühle den Hass, der in Frankreich gegen mich aufsteigt. Dennoch habe ich nichts anderes getan, als menschliche Worte gesprochen und ohne viel Aufhebens in einer maßvollen Haltung ohne Hass ausgeharrt", ein weiterer Eintrag aus seinem Tagebuch. An anderer Stelle: „Hasspropaganda. Man weiß nicht, was stärker ist, die Dummheit oder die Gemeinheit!"

Als bekannt wird, dass Rolland mit dem Nobelpreis für Literatur 1915 ausgezeichnet werden soll, nehmen die Anfeindungen noch zu. Die französische Presse zeigt sich bestürzt, dass der Preis an eine „bösartige Person" vergeben werde, an einen „Anti-Franzosen", der seit Beginn des Krieges nicht aufgehört habe, „Schlangengift über unser Land zu versprühen." Einen Feigling heißt man ihn, einen Volksverräter.

Sein Ziel sei nichts weniger als ein einziger Versuch gewesen, einen neuen Krieg zu verhindern, hält Zweig 1922 in seiner Monografie über Rolland fest. Anders als sein Korrespondenzpartner hatte er sich bei Kriegsausbruch noch in Vorsicht und Zurückhaltung geübt. Erst im März 1918 schreibt Zweig an den Freund: „Ich will meine Hände nicht mehr in diesem scheußlichen Gemisch aus Tinte, Blut und Geld besudeln, das sich Politik nennt."

Vor mir der Obelisk von Luxor, die Place de la Concorde, ein Satz von Rolland kommt mir in den Sinn: „Der

Westen denkt nur an sein eigenes Leid." Am 30. Dezember stirbt Romain Rolland. Ein Boulevard wurde nach ihm benannt, abseits des Zentrums, im 14. Arrondissement. *Je suis en route.*

*

Je suis en route – vor einigen Tagen in der Stadt, in der er geboren wird, nun entlang der Seine, in der er seinem Leben ein Ende setzt. Im Juli 1948 übersiedelt der in Czernowitz geborene Dichter von Wien nach Paris, Schreckensjahre liegen hinter ihm: der nationalsozialistische Terror, dem auch seine Eltern zum Opfer fielen, verschiedene Arbeitslager, nach Kriegsende der Umzug nach Bukarest, schließlich die Flucht über Ungarn nach Wien.

In Paris ändert er seinen Namen Antschel in Ancel und schließlich in Celan. Er schlägt sich als Gelegenheitsarbeiter durch, verdingt sich als Dolmetscher, absolviert ein Studium der Sprach- und Literaturwissenschaft. 1952 veröffentlicht er *Mohn und Gedächtnis,* einen schmalen Gedichtband, in ihm wohl Celans bekanntester Vers: „Der Tod ist ein Meister aus Deutschland". Kein anderes seiner Gedichte wird so oft interpretiert wie die *Todesfuge,* worunter sein Gesamtwerk leidet, das in umfassenden fünf Bänden vorliegt. Allein zwei Bände sind seiner übersetzerischen Arbeit gewidmet. Wie zuvor Rilke sieht auch Celan sich als Vermittler, fünfzehn französische Schriftsteller übersetzt er, einer von ihnen: Robert Desnos.

Desnos verbringt seine Kindheit im Bauch von Paris – so nannte Émile Zola das Hallenviertel im 1. Arrondissement. Mit 16 entflieht er der familiären Enge, schließt sich Anarchistenkreisen an. Literarische Anregungen findet er bei Mallarmé, Rimbaud und Lautréamont, später vor allem bei Gérard de Nerval. Das Unterbewusstsein wird zur poetischen Quelle, in den Gedichten der frühen 20er-Jahre ist Desnos ganz Surrealist – als solcher jedoch nicht blind. Gegen die heraufziehende faschistische Gefahr polemisiert er, zwar tritt er keiner Partei bei, aber sein Denken ist ein politisches. Das reale Leben zieht nun in seine Poesie ein, der Jargon der Straße, für den er in François Villons Gedichten ein Vorbild sieht.

Seine Einkünfte sichern mitunter journalistische Arbeiten. Nüchtern konstatiert er, „wird eine Zeitung etwa mit Druckerschwärze gemacht?" Schreibe man sie nicht mit Erdöl, wenn nicht mit Blut? Das literarische Vokabular verweist immer stärker auf seine Kindheit zwischen Marktfahrern und Händlern im Quartier des Halles. Im Band *Fortunes* (*Glücksfälle*) versammelt er Gedichte aus den 30er-Jahren und merkt dazu an, er sei auf der Suche nach einer poetischen Sprache, die gleichermaßen volkstümlich und genau sei.

In der Okkupationszeit geht er in den Widerstand, veröffentlicht unter Pseudonym die Gedichtsammlung *État de veille* (*Wachzustand*), deren Nachwort mit dem Satz schließt: „Letztlich ist es nicht die Poesie, die frei sein muss, sondern der Dichter." Als ein Kurier der Résistance seinen Namen preisgibt, wird Desnos im Februar 1944 von der Gestapo verhaftet.

Verhöre folgen, die Verfrachtung ins Lager Royallieu im Norden von Paris. Im April 1944 die Deportation nach Auschwitz, von dort nach Buchenwald und über Flossenbürg weiter ins Lager Flöha in Sachsen, wo er für die Messerschmitt-Werke arbeiten muss. Sein Lebenswille trotzt allen Torturen, Desnos schmiedet Pläne, er richtet Mithäftlinge auf, indem er ihnen aus den Handlinien liest und ihr Schicksal spontan wie poetisch ausschmückt, was für Aufheiterung sorgt. Als die Rote Armee näher rückt, wird das Lager evakuiert. Unter den vom Gewaltmarsch völlig

erschöpften Häftlingen, die im Mai 1945 das KZ Theresienstadt erreichen, auch Robert Desnos. Er hat sich mit
Typhus infiziert.

„Von allen Dichtern, die ich kannte, war Desnos der
unmittelbarste, der freieste, ein Poet immer voller Inspira-
tion, der sprechen konnte, wie wenige Dichter zu schreiben
vermögen. Er war der tapferste aller Menschen", bezeugt
Paul Éluard nach dem Krieg. Robert Desnos stirbt am
8. Juni 1945, nur wenige Wochen nach der Befreiung des
Lagers, in Theresienstadt.

Paul Celan kommt mir in den Sinn, von überall führte
ein Weg ins Lager, ich betrete die Rue Mazarine, in der
Desnos wohnte, bis ihn die Gestapo verschleppte. Unweit
von hier bezog Celan 1948 nach seiner Ankunft in Paris
ein kleines Hotelzimmer. *Je suis en route.*

Es weinen die Schuhe

Wenn eine mitten im Kehren den Besen wegstellt, so tut sie das nicht ohne Grund. Dann hat etwas ihre Aufmerksamkeit erregt, wachsam ist sie, hat Augen für jedes Detail, kein Geräusch entgeht ihr. Von dieser plötzlichen Sinnschärfung zeugen die Auftaktzeilen des Gedichts *Im roten Kleid* von Rajzel Zychlinski. Das lyrische Werk der 2001 im kalifornischen Concord verstorbenen Dichterin ist voll mit präzisen Beobachtungen dieser Art. Ihre Verse sind ein Seismograph, schreiben Erschütterungen auf, erkennen und lokalisieren sie. So zeichnen ihre Gedichte ein Bild des abgelaufenen Jahrhunderts, lassen in Abgründe blicken, bauen zugleich Brücken darüber. Von Flucht und Vertreibung sprechen sie, von Aufbrüchen und Ankünften, vertiefen im lyrischen Ich, was den osteuropäischen Juden widerfahren ist. Vor allem aber sind diese Gedichte Kunstwerke, Ausdruck einer Dichterin, die keinen Vergleich zu scheuen braucht mit jenen, die das 20. Jahrhundert poetisch bereichert haben.

Als Rajzel Zychlinski 1975 in Israel mit dem Itzik-Manger-Preis die bedeutendste Auszeichnung für jiddischsprachige Dichtung erhält, verfasst sie anlässlich der Preisverleihung eine Kurzbiografie: „Ich wurde am 27. Juli 1910 in der kleinen polnischen Stadt Gombin geboren. Mütterlicherseits stamme ich aus einer Familie, die seit Generationen Rabbiner hervorbrachte." Es folgen ein kurzer Abriss über ihre schulische Laufbahn, aus dem das Bedauern über ein nicht vorhandenes Gymnasium im Schtetl spricht, und ein Verweis auf ihre literarischen Anfänge: ein Tagebuch in polnischer Sprache, im Alter von zwölf Jahren legt sie es an. „Mein erstes jiddisches Gedicht entstand, als ich 17 Jahre alt war", lässt sie wissen, und dass sie vier Jahre später dem Schtetl den Rücken gekehrt hat.

Den Vater spart sie in dieser Kurzvita aus, im *Leksikon fun der najer jidischer Literatur* wird er als Gerbermeister erwähnt, der 1924 zum dritten Mal nach Amerika auswandert, wo er 1928 stirbt. Einer von Tausenden ist er also, den der Mangel an Zukunftsperspektiven in der eigenen Heimat zum Versuch veranlasst, in der Neuen Welt Fuß zu fassen. Seine Frau will ihn dabei nicht begleiten, weil die Kinder in Amerika am Sabbat hätten arbeiten müssen, sie bleibt mit dem Nachwuchs in Gombin zurück, so der Lexikoneintrag.

Gombin, polnisch Gąbin, liegt in der Woiwodschaft Masowien, etwas weniger als 120 Kilometer nordwestlich von Warschau. Vor dem Zweiten Weltkrieg zählt die Stadt gut 5 000 Einwohner, die Hälfte davon Juden. Die verdingen sich als Kaufleute und Handwerker, gehen in die 1710 aus Holz errichtete Synagoge, treffen sich am Rynek, den es wie in nahezu jeder polnischen Stadt auch in Gombin gibt.

Als schönes, waldreiches Schtetl mit uralten hölzernen Häusern und ebenso alten jüdischen Bauwerken taucht Gombin in Nachkriegsquellen auf. Nostalgie justiert den Blick und zielt an der einstigen Wirklichkeit vorbei. Bis zu ihrer Zerstörung gelten die Schtetl nicht nur vielen Intellektuellen als Hort der Rückständigkeit einer durch religiöse Rituale normierten Welt, der die Moderne außen vor bleibt.

Einer Rajzel Zychlinski, die sich von Jugend an so sehr für Baudelaire begeistert, dass sie beginnt, Französisch zu lernen, muss diese Welt zu eng sein. Und so wundert es nicht, dass die Gedichte ihres Frühwerks bis in die Mitte der 30er-Jahre eine Realität abbilden, die keinerlei Parallele zu einer von Traditionen und Regeln dominierten Wirklichkeit aufweist, sondern auf literarischen Vorbildern fußt und eine imaginierte ist. Symbolistische Einflüsse werden sichtbar, auch die *écriture automatique* der französischen Surrealisten. Die Liebe, das Leben, der Tod, es sind die seit Anbeginn der Literatur bestimmenden Themen, denen sich Zychlinski mit einem spezifisch weiblichen Blick annähert und die sie als Folien für ihre poetischen Miniaturen verwendet.

Schon als Zychlinski 1928 im Todesjahr ihres Vaters in der Warschauer jiddischen *Folks-tsajtung* ihr erstes Gedicht publiziert, sorgt sie damit für Aufsehen. Eine Nähe zu Baudelaire und Rilke wird der 18-Jährigen attestiert, man stellt sie Else Lasker-Schüler, Rose Ausländer, Paul Celan an die Seite, und wie immer, wenn eine Dichterin besondere Akzente setzt, der Vergleich mit Sappho. Ehrsam sind diese Gegenüberstellungen allemal, doch werden sie Rajzel Zychlinski nicht gerecht, sie ist als Dichterin eine singuläre Erscheinung. Sosehr sie mit den literarischen Strömungen ihrer Zeit vertraut ist, Zychlinski findet einen eigenen Ton. Den formt sie an verschiedensten Einflüssen, allen voran an der expressionistischen Bewegung, die es in den 20ern in der jiddischsprachigen Dichtung gibt und deren Zentrum Warschau ist. So schreibt sie mit ihren Gedichten in freien Versen voll expressiver Farben die jiddische Bildsprache der internationalen Avantgarde ein. Wie das im Schtetl und in ihrem familiären Umfeld angekommen ist, mag dahingestellt bleiben.

Nach dem Tod des Vaters führt dessen Frau die Gerberei, bis Rajzel Zychlinskis ältester Bruder sein Erbe antreten kann. Sie selbst hatte nach Abschluss der Elementarschule bei einem Privatlehrer Gymnasialkurse besucht und beginnt in ihrer Geburtsstadt als Kindergärtnerin zu arbeiten. Als 21-Jährige nimmt sie eine Anstellung in einem

Waisenhaus in Włocławek an, verbringt einige Jahre in der Stadt; sie publiziert weiterhin in Zeitschriften, ehe sie 1936 nach Warschau übersiedelt. Im gleichen Jahr erscheint ihr erster Gedichtband *lider*.

Itzik Manger leitet den Band mit einem Vorwort ein, lobt darin die Originalität der Dichterin und ihre Gabe, mit reduziertem Vokabular mannigfache Stimmungen zu erzeugen. Tatsächlich schwebt eine stets aufs Neue nuancierte Sehnsucht über Gedichten, die kleinstädtische Ruhe absorbieren, zum Idyll verkommt diese jedoch nie, steht immer auf der Kippe. Der schmale Band beinhaltet auch das Gedicht *Im roten Kleid*, dessen Farbe auf die traditionsbedingten Zwänge verweist und an eine Episode aus Zychlinskis Kindheit erinnert. Ihr Vater hatte ihr, von einem seiner Auswanderungsversuche zurückgekehrt, eine rote Wolljacke mitgebracht, die sie nie hätte tragen können, wollte sie nicht im Schtetl wie ein ‚Papagei‘ herumlaufen und dementsprechend auffallen. „Mein Kleid ist rot./Das Kleid auf meiner Haut/platzt", schreibt Zychlinski, als wollte sich das lyrische Ich aus der Haut fahren.

Wenige Wochen vor Kriegsausbruch erscheint *der regn singt*. Thematisch schließen die Gedichte dieses Bands an den Erstling an, nur ihr Ton und die Bildsprache sind härter. Dem Auftaktgedicht steht Rilke Pate, sein Einfluss schlägt wie bei vielen Dichterinnen und Dichtern der Zwischenkriegszeit auch bei Zychlinski durch, sie aber lenkt ihn in eine eigene Richtung. Literarisch befindet sie sich auf einem Höhenflug, dem wie ihrem Leben jedoch eine Zäsur widerfährt, von der sich Zychlinski nicht mehr erholen wird.

Zychlinski erlebt die Bombardierung und Einnahme Warschaus durch die Wehrmacht, wird Zeugin der Übergriffe auf die jüdische Bevölkerung. In ihrer Geburtsstadt brennt die Synagoge, ihre Mutter und die Geschwister verfrachtet man wie die gesamte jüdische Bevölkerung Gombins ins Getto. Sechs Wochen nach der Invasion flieht Zychlinski aus Warschau, ein Taxifahrer wird zum Fluchthelfer, so gelangt sie auf das Gebiet der ehemaligen Sowjetunion.

Nach einigen Monaten in Lemberg flieht sie weiter ins ostgalizische Kolomea. Dort lernt sie Izaac Kanter kennen, den sie 1941 heiratet. Zwei Jahre später kommt ihr einziges Kind Marek zur Welt. Zu diesem Zeitpunkt ist die junge Familie bereits nach Kasan geflohen. Und erfährt aus jiddischen Zeitungen, die während des Kriegs in der Sowjetunion erscheinen, von den „Aktionen im Generalgouvernement". Mitte Mai 1942 werden das Gombiner Getto aufgelöst und seine Bewohner in Todeslager deportiert. Gedichte Zychlinskis aus dem sowjetischen Exil zeigen, dass sie bereits 1943 von der Zerstörung ihres Schtetls wusste. Durch die Entwicklungen an der Ostfront erneut zur Flucht gezwungen, erlebt sie das Kriegsende in Astrachan an der Wolga. Von dort über das Asowsche Meer nach Polen zurück, wo sie erkennen muss, dass sie ihre Heimat für immer verloren hat.

„Ein blutiger Strom hat mein Buch weggespült, meine Leser, und mein Heim herausgerissen mit den Wurzeln. Leere, unendliche Leere. Nach knapp zehn Jahren kehre ich zurück", hält Zychlinski im Vorwort ihres dritten Buchs *zu lojtere bregn (Zu lichten Ufern)* fest. Der Band erscheint 1948 in Łódź, Zychlinski widmet ihn ihrer Mutter, ihren Geschwistern und deren Kindern, die in Chełmno und Treblinka ermordet wurden. Die Trauer über ihr Volk und den Verlust der Familie bestimmen fortan ihr Leben und Schreiben. „Alle Wege haben zum Tod geführt,/alle Wege", heißt es in einem der Gedichte und: „Gott hat verborgen sein Gesicht." Gottvertrauen und eine Rückkehr in die Normalität sind nicht mehr möglich. Dem lyrischen Ich bleibt die schmerzhafte Trennung – von den Lebenden und den Toten.

In Zychlinskis Gedichten gibt es kein „Grab in den Lüften", Metaphern Celan'scher Prägung fehlen, ihre Diktion ist hart, direkt, scheut auch – und vielleicht einzigartig in dieser Vehemenz – den Wunsch nach Rache nicht.

Nicht zuletzt unter dem Eindruck des fortbestehenden Antisemitismus im Nachkriegspolen kehrt Zychlinski ihrer Heimat 1948 endgültig den Rücken. Mit ihrem Sohn und ihrem Mann, der während des Kriegs als Arzt in der Roten Armee diente, emigriert sie nach Paris, von dort 1951 weiter in die USA. Sie holt Highschool und College nach, erhält endlich die Berechtigung für ein Studium. So geht immerhin ein Traum in Erfüllung.

Weiterhin schreibt sie Gedichte, in Jiddisch, gewinnt der Sprache ortsbedingt neue Ausdruckmöglichkeiten ab. Doch die Räume, die sie in Worten öffnet, zeigen *Schweigende Türen (schwajgndike tirn)*. In diesem 1962 erschienenen Zyklus ist zu lesen: „Schuhe klopfen an die Wände,/ klopfen auf den Fußboden –/Schuhe aus Gruben kommen und gehen,/tote Schuhe von Majdanek." Das Gedicht schließt mit den Zeilen: „Mein Haus ist voller Schuhe,/es weinen die Schuhe von meinem Kind./Ich suche sie überall in dem Berg/und kann sie doch nicht finden."

Die Angst vor möglichen Repressalien aus dem Land, das ihre Rettung war, und zugleich der Dank für Letztere lässt Zychlinski über ihre Erfahrungen im sowjetischen Exil schweigen. Worte findet sie indes für das pulsierende Leben in der Vielvölkerstadt New York, aber man wird den Eindruck nicht los, dass sie ihm fremd gegenübersteht. Wohin sie sich auch schreibt und denkt, die Landschaften ihrer Dichtung stehen unter dem Licht der Vergangenheit, ihre Gedichte sind Wieder-Holung im besten Sinn. Nach Jahren in New York übersiedelt sie nach Florida, dann nach Kanada, lebt schließlich in Berkeley, von wo sie das große Erdbeben in Kalifornien 1989 wieder zurück nach Brooklyn treibt.

Vier Jahre später schließt sich ein Kreis, der 1936 mit *lider* seinen Anfang nahm. In Tel Aviv erscheint Zychlinskis letzter Gedichtband *naje lider*. Thema bleibt die Erinnerung, in ihr ist Zychlinski unermüdlich unterwegs. Die Last, als einzige aus ihrer Familie überlebt zu haben, wiegt im Alter mit jedem Tag schwerer, ein alltägliches Leben unter Menschen ist nicht mehr möglich. Parallelen zu Nelly Sachs drängen sich auf, wenngleich Zychlinski das nicht gerne lesen würde. Die ins schwedische Exil Geflohene gibt sie vor, nicht zu kennen. Genauso wenig wie Paul Celan. Mit der deutschsprachigen Literatur hatte sie nach dem 1. September 1939 abgeschlossen, verfolgte deren weitere Entwicklung nicht mehr.

Ihr 2003 verlegtes Gesamtwerk ist mittlerweile vergriffen. Noch erhältlich sind eine Auswahl ihrer Zyklen in Jiddisch und Deutsch im Sammelband *Gottes blinde Augen*, ferner eine sehr einfühlsame wie wissenschaftlich genaue Annäherung an das Leben und Werk der großen jiddischen Dichterin in Form einer Dissertation mit zahlreichen Textbeispielen. Liest man diese Gedichte, mag einem (erneut) einfallen, was Joseph Roth einer seiner Romanfiguren in den Mund gelegt hat: „Ich glaube, dass ich sehr fremd in dieser Welt geworden bin."

Heimisch wurde Zychlinski nicht mehr. Und dennoch hat sie einen Ort gefunden: in der jiddischen Sprache, in ihren Gedichten. In denen weinen die Schuhe, stellt eine mitten im Kehren den Besen weg und blickt uns an.

Wider eine Welt aus Pappmaché

Bar Brasserie Jour et Nuit, als triebe er sein Spiel mit mir und riefe mich zur Fantasie, ich stehe vorm *Old Navy*, seiner Stammkneipe. Hier also ging er ein und aus, der große Julio Cortázar, der mit seinen Erzählungen und Romanen literarische Universen schuf, die zu erforschen ich nicht müde werde. Wer ihn nicht lese, sei verloren und werde allmählich immer trauriger, erinnere ich Verse von Pablo Neruda. Und tatsächlich, in Cortázars Büchern verliert die Wirklichkeit an Gewicht, seine Sätze eröffnen einer Vieldeutigkeit Bahn, halten zum Narren, machen klüger zugleich. Sie sind voller Humor, wenngleich ihnen ein melancholischer Tonfall anhaftet. Er spiele beim Schreiben, so definierte er seinen Ansatz, aber er spiele seriös, daher könne das Spiel stets auch ein Todesspiel sein.

Mangels besserer Bezeichnung, wie er selbst wusste, wird ein Großteil seines Werks dem fantastischen Genre zugerechnet. Aber Klassifizierungen waren seine Sache ohnehin nicht, lieber verwies er auf Erasmus von Rotterdam und dessen Lobpreis der Torheit: „Ich erinnere mich nicht mehr genau daran, wovon er handelte, aber sein Titel hat mich immer sehr bewegt, und heute weiß ich, weshalb: Die Torheit verdient es, gepriesen zu werden, wenn die Vernunft, die Vernunft, die das Abendland derartig mit Stolz erfüllt, sich die Zähne ausbeißt an einer Realität, die sich nicht fassen lässt und niemals fassen lassen wird mit den kalten Waffen der Logik, der reinen Wissenschaft und der Technologie."

Ich versuche, ihn mir vorzustellen an einem der Tische, nein, an der Theke, sein Blick streift übers Regal mit den Spirituosen, die blaues Neonlicht umfängt. Doch meine Imagination wird unterlaufen von Angelesenem, jede im

Gedächtnis bleibende Erzählung sei wie der Samen, in dem ein riesiger Baum ruhe, formulierte Cortázar einmal und: „Der Baum wird in uns wachsen und seinen Schatten in unsere Erinnerung werfen."

Mitte der 50er-Jahre hatte der Wunsch, Cortázar zu treffen, Gabriel García Márquez ins *Old Navy* gelockt, es war die Rede gegangen, der Argentinier suche das Lokal oft auf, um zu arbeiten. Nach Wochen des Wartens sei er endlich aufgetaucht, „era el hombre más alto que se podía imaginar, con una cara de niño", hielt Márquez fest. Ganz ähnlich die Beschreibung von Alberto Manguel, der Cortázar kurz nach der Pariser Mai-Revolte 1968 traf: „Vor mir stand ein Riese mit Kindergesicht."

Ein Schlauch ist diese Bar, der Boden gefliest, an der Wand ein Flachbildschirm, ein Fußballmatch wird gerade angepfiffen. Interessierte er sich für Fußball? Als die Albiceleste 1978 die Heim-WM gewann, lebte er bereits seit 27 Jahren in Paris, zwei davon als Exilant mit Einreiseverbot nach Argentinien. Dort regierte seit der Amtsenthebung von Perón eine Militärjunta, auf deren Schwarzer Liste auch Julio Cortázar stand. Weniger seiner Literatur wegen, den Machthabern war sein offenes Eintreten für die Anliegen der Sandinisten in Nicaragua ein Dorn im Auge. Freilich, sein Mitleid mit Perón wird sich in Grenzen gehalten haben.

Vom Tresen aus kann man hinausblicken auf den Boulevard Saint-Germain, er ist der längste der Stadt, führt durchs Quartier Latin. Unermüdliches Wandern, Touristenströme ziehen vorbei, unterwegs zur Kirche Saint-Germain-des-Prés oder zu einem der Kultlokale hier am linken Seineufer, zum *Café de Flore*, zum *Les Deux Magots*. Wohl nur durch Zufall verirren sich einige in die Rue de l'Éperon, wo Cortázar eine Wohnung besaß, kaum fünf Gehminuten vom *Old Navy* entfernt. Vielleicht besuchte ihn dort die früh verstorbene argentinische Lyrikerin Alejandra Pizarnik, deren Nachlass er später verwalten sollte, mag sein, sie machten sich auf zu einem ausgedehnten Stadtspaziergang. Denn er war ein passionierter Flaneur, er liebte Paris, bezeichnete die Stadt einmal als eine Frau – und ein bisschen als die Frau seines Lebens. Sosehr es ihn aber zum Herumstreifen hinzog, er mied große Menschenansammlungen. Von solchen blieb er am rechten Seineufer weitgehend verschont. Noch heute kommen wenige Touristen zum Haus in der Rue Martel im 10. Arrondissement, wo Cortázar sein zweites Pariser Domizil aufgeschlagen hatte, eine Wohnung im dritten Stock, voll mit Büchern und Schallplatten.

Wird hier die Idee zu jener romantischen Expedition geboren, die ihn und seine dritte Ehefrau Carol Dunlop an einem Sonntag im Mai 1978 um Punkt 14.12 Uhr auf die Reise schickt, und klar doch, im Windschatten großer Namen, Kolumbus, Magellan, Marco Polo? Die Ahnherren werden zu Recht genannt, schließlich gilt es, Grandioses zu entdecken: die Autobahn. Einen Monat lang sind die beiden in einem VW-Bus namens Fáfnir unterwegs, Fáfnir, der Umarmer, der Drache, eine Figur aus der nordischen Mythologie. Die Route führt von Paris nach Marseille, Rastplätze werden beehrt, Hexenjäger tauchen auf, Spione, Müllmänner. Literarischen Niederschlag findet die Reise in einem Bordbuch, wie es kein zweites gibt: *Die Autonauten auf der Kosmobahn (Los autonautas de la cosmopista)*. Das Wunderbare im Banalen aufzuspüren, das Logische im Absurden, darauf verstand sich Cortázar seit seinen literarischen Anfängen.

1951 publizierte er seinen ersten Band mit Erzählungen, *Bestiarium (Bestiario)*, eine Sammlung von acht Geschichten. Schon hier zeigt sich sein ungeheures Gespür für Figuren, nie stellt er sie bloß, nie gibt er sie der Lächerlichkeit preis. Die Erzählungen sprühen vor absurder Komik, sie pochen auf Freiräume für das Irrationale und zeugen von Cortázars Beschäftigung mit der Psychoanalyse, den Ideen des Existenzialismus und vor allem des Surrealismus. Letzteren verstand er keineswegs als literarische Spielart: „Surrealismus ist Weltanschauung", schrieb er 1948, „keine Schule und kein Ismus, der Versuch einer Aneignung der Realität, die die Realität selbst ist, im Gegensatz zu der aus Pappmaché." Weitere Erzählungen folgen, sie bestechen durch Ambiguität und spielerischen Umgang mit Zeitebenen, besonders deutlich in *Der Verfolger (El perseguidor)*, in Memoriam Charlie Parker. In seinen Erzählungen geht ein unmerklicher Riss durch die Wirklichkeit, nie weiß man, wo man sich befindet, im Realen, schon im Fantastischen? Und spielt das eine Rolle – realistisch, fantastisch, experimentell? Immer sind seine Texte „ein Kampf wider den Pragmatismus und das gefährliche Zweckdenken", wie Cortázar in den *Geschichten der Cronopien und Famen (Historias de cronopios y de famas)* schrieb. Dieser Kampf ist im Spiel anzutreten, zu dem er seine Leserinnen und Leser einlädt. Wohltuend gar nicht schert er sich um den Applaus von den Rängen des Zeitgeists, seine Erzählungen dienen sich keiner Erwartungshaltung an, damit werden sie bis heute vielem zum Vorwurf, was auf den Büchertischen landet.

Eine Tafel am Haus in der Rue Martel erinnert an den berühmten Bewohner. Sie weist ihn als argentinischen Schriftsteller und eingebürgerten Franzosen aus, als Autor der *Marelle*. So der französische Titel des 1963 publizierten Romans *Rayuela*, der laut Mario Vargas Llosa „einem Erdbeben gleichkam" und der zu den wichtigsten spanischsprachigen Werken des 20. Jahrhunderts zählt. „Dank *Rayuela* lernten wir, dass Schreiben eine geistvolle Form war, sich zu vergnügen, dass es möglich war, die

Geheimnisse der Welt und der Sprache zu erkunden und sich dabei zu amüsieren, und dass man im Spiel geheimnisvolle Lebenswelten erforschen konnte." Rayuela wie Marelle der Name eines Kinderspiels, hierzulande als Himmel und Hölle bekannt. Mit diesem Untertitel erschien das Buch 1981 in deutscher Sprache. Der Roman gestattet es, die Kapitel in beliebiger Reihenfolge zu lesen, Cortázar schlägt eine vor und eröffnet somit allen denkbaren Kombinationen die Tür. So wird man Komplize in einem Spiel, dessen Regeln er vorgibt. Wer war dieser Mann?

Geboren wurde er am 26. August 1914 als Sohn argentinischer Eltern in Brüssel, „und zwar genau in dem Moment, in dem der deutsche Kaiser und seine Truppen dabei waren, Belgien zu erobern", erklärte Cortázar 1977 in einem Interview. Während seine Mutter im Kreißsaal lag, habe sie das deutsche Trommelfeuer gehört. Die Umstände seiner Geburt seien überhaupt nicht ungewöhnlich, aber doch ein wenig pittoresk gewesen. „Alles hing von dem Posten ab, den man meinem Vater gerade zugewiesen hatte." Sein Vater arbeitete an der argentinischen Botschaft. Infolge des Kriegsgeschehens zog die Familie zunächst in die Schweiz, dann nach Barcelona, immer begleitet von französischsprachigen Gouvernanten. Im Juli 1918 schließlich die Übersiedlung nach Argentinien, für die Mutter ein schwerer Schritt, auch für ihren Sohn, er sprach ein klägliches Spanisch mit auffallend französischem Akzent. Kaum hatte die Familie Fuß gefasst, kam es zur Trennung der Eltern. Für Cortázar eine jähe Zäsur. Er sah den Vater nie wieder, wuchs bei seiner Mutter auf, mit seiner Schwester, der Großmutter und einer Tante in kleinbürgerlichen Verhältnissen in einem tristen Vorstadtviertel von Buenos Aires. Für Farbe sorgte die Literatur, er las Jules Verne und Edgar Allan Poe, den er später wie Daniel Defoes *Robinson Crusoe* ins Spanische übersetzte. Er sei ein kränkliches Kind gewesen, seine Mitschüler nannten ihn ,belgicano‘, doch rasch lernte er, den unverwechselbaren argentinischen Tonfall zu sprechen. Zu seinem Verdruss habe der Schulalltag aus Memorieren bestanden, aber er machte aus der Not eine Tugend, eignete sich enzyklopädisches Wissen an.

Nach Abschluss der Schule geht Cortázar als Lehrer in die Provinz, seine ersten Kurzgeschichten entstehen. 1938 veröffentlicht er unter Pseudonym einen Gedichtband, die Lyrik wird ihn weiterhin begleiten. Ende der 70er-Jahre erscheint in Frankreich eine Schallplatte mit Tangos, zu denen Cortázar die Gedichte schreibt. Da ist er bereits ein gefeierter Schriftsteller, wovon 1938 nicht die Rede sein kann, die Auflage des Gedichtbands beläuft sich auf 250 Exemplare. Zehn Jahre später wird *Das besetzte Haus,* ein Meisterstück fantastischer Literatur, in einer von Jorge Luis Borges edierten Zeitschrift abgedruckt, was einer Adelung gleichkommt. Borges gehört zu den wenigen argentinischen Autoren, denen Cortázar Bewunderung entgegenbringt, die Wertschätzung beruht auf Gegenseitigkeit. Mittlerweile lehrt Cortázar an einer kleinen Universität „Poesie von Baudelaire bis Mallarmé“, in einer zweiten Vorlesung behandelt er die englische Romantik. Er beteiligt sich an Protestaktionen gegen das von der Perón-Regierung verordnete Bildungsprogramm, verlässt die Universität. 1951 wird er auch das Land verlassen, ein Stipendium macht es möglich, er zieht nach Paris.

„Julio Cortázar hatte absichtlich Buenos Aires verlassen, um ein Pariser Schriftsteller zu werden, ein Pariser Argentinier, ein Prozess, den er auf seine Weise in *Rayuela* erzählt hat“, schreibt der chilenische Autor Jorge Edwards. Fest entschlossen, auch nach Ablauf des Stipendiums in Paris zu bleiben, arbeitet Cortázar für einen Exportbuchhändler als spanischer Übersetzer, verdingt sich als Packer, erhält schließlich eine Anstellung als Dolmetscher bei der UNESCO. 1953 heiratet er ein erstes Mal, 1967 die zweite Ehe, die dritte 1979. Zwei Jahre später wird er französischer Staatsbürger.

Während seines ersten Pariser Jahrzehnts schließt er Freundschaften mit anderen spanischsprachigen Autoren, Octavio Paz, Mario Vargas Llosa. Dabei bleibt er immer ein Einzelgänger, es mag an seinem Wesenszug liegen, alles in Frage zu stellen. Laut Vargas Llosa konnte man mit ihm befreundet sein, aber nie eine engere Beziehung eingehen. „Die Distanz, die er mit Hilfe eines Systems aus Höflichkeiten und Regeln aufrechtzuerhalten verstand, an die man sich halten musste, um seine Freundschaft zu bewahren, gehörte zum Zauber der Person: Sie umgab ihn mit dem Nimbus eines gewissen Mysteriums.“

Literarisch fühlt er sich nach wie vor Borges verwandt, dessen Fotografie einen Ehrenplatz hat inmitten von Schallplatten und Büchern. Oft wechselt er die Adressen, wohnt mal an der Place d'Italie im 13. Arrondissement, dann im 7. in einem engen Appartement, später in einer schmalen zweistöckigen Wohnung an der Place du Général-Beuret, an der Grenze zwischen den bürgerlichen Bezirken und denen der Arbeiterschaft. Er führt das Leben eines Bohemiens, immer mehr junge, aufstrebende Autorinnen und Autoren suchen seine Nähe, er spaziert mit ihnen durch die Stadt, angeblich begleitet von seiner Katze. Längst ist ihm Paris mehr als ein Ort, eine Anekdote: Er habe 1958, als während des Algerienkrieges Panzer durch die Straßen rollten, Angst gelitten, die Stadt, in der er sterben wollte, würde zerstört werden.

Die ausgehenden 50er-Jahre sind produktiv, es erscheinen die Erzählsammlungen *Ende des Spiels* und *Die geheimen Waffen*, 1960 der Roman *Die Gewinner*, eine groteskunheimliche Milieustudie, die auf einem Luxusliner spielt. Nach dem Erfolg von *Rayuela* kehrt Cortázar zunächst zur Form der Erzählung zurück, der wunderbare Band *Reise um den Tag in 80 Welten* entsteht, Ende der 60er-Jahre dann der Roman *62/Modelbaukasten*. Der Titel verweist auf das 62. Kapitel von *Rayuela,* in dem es heißt: „Schriebe ich diesen Roman, wären die Standardverhaltensweisen (inklusive der allerungewöhnlichsten, welche ihre Luxuskategorie sind) mit dem gebräuchlichen psychologischen Instrumentarium unerklärlich. Die Akteure würden als wahnsinnig oder völlig idiotisch erscheinen."

Cortázar weiß, dreht man ein wenig am Regler der Wirklichkeit, gerät alles aus den Fugen. *62/Modelbaukasten*, ein Spiel wiederum, aber sein Urheber macht in dieser Zeit einen Wandel durch, „den außergewöhnlichsten, den ich je bei einem Menschen erleben durfte", nennt es Vargas Llosa. Im Mai 1968 kann man Cortázar auf den Pariser Barrikaden sehen, er verteilt selbstverfasste Flugblätter, wünscht mit den Studenten „die Fantasie an die Macht", engagiert sich fortan bis an sein Lebensende für den Sozialismus. Er verteidigt die Politik in Nicaragua und Kuba, wird zum Fürsprecher Castros – den Warnungen vieler Kollegen zum Trotz. Zahlreiche journalistische Arbeiten entstehen in den Folgejahren, anklagende Erzählungen und der Roman *Album für Manuel*.

Kuba hatte Cortázar bereits 1963 besucht, auch Nicaragua bereiste er. Dort erfuhr seine Frau Carol Dunlop von ihrer Krebserkrankung, er erhielt wenig später die gleiche Diagnose. Dunlop starb 1982, er überlebte sie um gut zwei Jahre. Ob er dem Krebs erlag, bleibt ungewiss. Eine Blutinfusion, die er aufgrund einer Magenblutung einige Jahre vor seinem Tod erhalten hatte, könnte ihn mit dem HI-Virus infiziert haben, den er auf seine Frau übertrug. Beide liegen auf dem Friedhof Montparnasse begraben.

Bereits sterbenskrank hatten sie Fáfnir bestiegen und die Reise nach Marseille unternommen.

„Er war ein eminent privater Mensch, mit einer Innenwelt, die wie ein Kunstwerk konstruiert war", ist bei Vargas Llosa zu lesen. Er beschreibt Cortázar als jemanden, „für den außerhalb der Literatur nichts von Bedeutung zu sein, ja überhaupt zu existieren schien". Zweifelsohne war er bis in die täglichen Erfahrungen hinein von Poesie durchdrungen, aber er konnte sich auch für den Boxsport begeistern, für Dinosaurier, für Kaleidoskope, er ging gern in die Oper und liebte den Jazz. Das bekamen García Márquez und Carlos Fuentes zu spüren, als sie auf Einladung von Milan Kundera gemeinsam mit Cortázar nach Prag reisten, um den Prager Frühling zu unterstützen. Abfahrt Gare de Lyon, ein Nachtzug, an Schlaf nicht zu denken. Die drei im Speisewagen, bei Unmengen von Bier, elenden Würstchen und kalten Kartoffeln, wie sich García Márquez erinnerte. Irgendwann die Frage, durch wen das Klavier in den Jazz gekommen sei, und Cortázars Antwort beanspruchte die ganze Nacht. Er erzählte die Geschichte des Jazz von den Anfängen an, „er wusste absolut alles", so Fuentes, das sei das Geheimnis von Cortázar gewesen, er habe immer viel mehr als andere gewusst, dies jedoch nie zur Schau gestellt. Er sprach unter Mithilfe seiner großknochigen Hände, wie García Márquez sie ausdrucksstärker bei keinem anderen Menschen je gesehen habe, mit einer tiefen, dröhnenden Stimme und zog dabei das ‚R' in die Länge.

Cortázar. Ich ziehe das ‚R' in die Länge und zahle. Weiß, am Friedhof Montparnasse wird er erneut sein Spiel mit mir treiben. Aber der falsche Weg könnte immer der richtige sein, und so drehe ich wie jedes Mal Runde um Runde, ehe ich seinen Grabstein finde und dort die Grußbotschaften lese zwischen U-Bahntickets und den Zeichen, dass gerade die eine oder der andere hier gewesen sind, auf eine Zigarette mit Cortázar. Ich tauche ein in seine Gegenwelt, laufe durch sein Paris und lande vor Buchhandlungen in Wien, Berlin, irgendwo. In einer von geschmäcklerischen Normen diktierten Gegenwart sind selbst die saisonal ausgerufenen literarischen Wunder berechenbar geworden. Nicht nur in diesem Sinn empfiehlt sich Cortázars Werk. Für ihn war Literatur ein Spiel mit Möglichkeiten und erfüllte die Funktion, „uns für einen Moment aus unseren gewohnten Schubfächern zu holen und uns zu zeigen, dass vielleicht die Dinge nicht an dem Punkt enden, den unsere Denkgewohnheiten annehmen".

.

Das poetische Paternoster
eines Narren

Erste Reihe rechts, Nummer 126. Ein schmiedeeisernes Grabkreuz, eine Tafel, darauf die Verse: „Denn klar seh ich wie nie zuvor: – Die Liebe höret nimmer auf!"

Ich weiß nicht, wie oft ich am Friedhof in Lienz vorbeigegangen bin. Ich habe einmal in der Stadt gewohnt, sie in den vergangenen Jahren immer wieder aufgesucht. Lange war mir nicht bewusst, dass auf dem Lienzer Friedhof ein Dichter begraben liegt, der Seinesgleichen nicht hat. Freilich, in den Literaturlexika der Gegenwart sucht man seinen Namen vergeblich. Er gehört zu den großen Vergessenen der deutschsprachigen Literatur, gleichwohl er einer ihrer bedeutendsten Vertreter in der ersten Hälfte des 20. Jahrhunderts ist: Peter Karl Höfler.

Immer wieder kommt mir jene Frage in den Sinn, die Höfler einem seiner Wegbegleiter einmal gestellt hat: „Weißt du, was ein Salamander ist?"

Die Verse über dem Grab – sind sie nicht die Antwort? Die Zeilen stammen aus einem Gedicht Höflers, geschrieben bereits unter Pseudonym und in einer Zeit, in der die deutsche Sprache längst zur Kommandosprache verkommen war. Die Wahl des Pseudonyms gewährt nicht nur Einblick in Höflers literarischen Ansatz, es betont auch die Zäsur, die seinem Leben während des nationalsozialistischen Terrorregimes widerfahren ist.

Anders als bei Autorinnen und Autoren, die ihr Werk aus einem thematischen Reservoir speisen, das nicht zwingend mit Selbsterlebtem zu tun hat, ist es bei Höfler der eigene Lebenslauf, der zum Motor der Poesie wird. Pendelnd zwischen Polen, Christ und Anarchist in einem, Dandy und Proletarier, Mystiker und Kommunist, ist sein

Schreiben ein permanenter Anlauf, das Gegensätzliche miteinander zu vereinen. Bei aller Anarchie, die seinem Denkansatz innewohnt, Formenzertrümmerer ist Höfler keiner. Warum auch, das Rad, auf dem er sich fortbewegt, muss nicht neu erfunden werden. Ihn interessieren eher die Speichen, meist 14 an der Zahl, wie das Sonett sie in Versen vorgibt. Die Speichen wurzeln in der Nabe, von dort breiten sie sich kreisförmig und einander im Reim kreuzend aus, verleihen dem Rad Stabilität. Die bleibt in der Poesie nur eine angedeutete, selbst wenn man sie in ein logisches Korsett schnürt. Allerdings, Höflers Rückgriff auf das Sonett ist nicht verwunderlich. Wie viele Dichter vor und nach ihm sieht er in dieser Spielart der Lyrik eine Möglichkeit, seine Gedanken klar und in Gedichtform zu strukturieren. Er unternimmt den Versuch, das Widersprüchliche logisch zu erklären, treibt den Teufel mit dem Beelzebub aus. Denn das Gedicht, im Speziellen Höflers Gedicht, ist immer mehr, als die Form ihm zu gewähren vermag. Es suggeriert Harmonie und ist doch disharmonisch, löst sich aus der Vergangenheit in einen Anspruch auf Gegenwart, will Ganzes sein und Fragment bleiben, duldet keinen Widerspruch und ist widersprüchlich zugleich.

Geboren wird Peter Karl Höfler am 23. Jänner 1905 in einem Berliner Arbeiterbezirk. Seine aus der Habsburgermonarchie stammenden Eltern haben sich gut ein Jahr zuvor in Berlin-Weißensee niedergelassen. Dort verbringt Höfler seine Kindheit und taucht ein in eine Bilderwelt, die ihn ein Leben lang begleiten wird. Es sind dies Bilder von Werkstätten und Lagerräumen, von Höfen, die straßenwärts durch breite Tore und backsteinerne mehrstöckige Kopfbauten abschließen. Morgens werden die Tore zum Moloch, der sich Hundertschaften von Arbeitern einverleibt und abends wieder ausspuckt. Unter ihnen auch Höflers Vater, ein gelernter Tischler. Der greift immer hemmungsloser zur Flasche, um in eine andere Wirklichkeit abzudriften. Der Vorstadttristesse überdrüssig und angetrieben von der Hoffnung auf eine bessere Arbeitsstelle, entscheidet er sich schließlich, mit der Familie nach Österreich zurückzukehren. So gelangt Höfler im Alter von sieben Jahren nach Rohrbach im Oberen Mühlviertel, gut 45 Kilometer von Linz entfernt. Hier kommt er erstmals in Berührung mit dem österreichischen Katholizismus bäuerlicher Prägung. „Graue Schwestern" lehren ihn, wird er später formulieren – eine Erfahrung, die sein Leben nicht minder beeinflusst als der Eindruck vom Arbeiterelend in einer modernen Großstadt. Auch wird er Zeuge der sich rasant und bis in ländliche Gebiete ausbreitenden Industrialisierung. Ab 1914 gibt es in Rohrbach elektrisches Licht, es wird mit Strom von der nahen Teufelmühle gespeist, einem Kraftwerk an der Großen Mühle am linken Nebenfluss der Donau. Am nachhaltigsten aber prägen ihn in seinen frühen Jahren das wiederholte Scheitern des Vaters und die damit verbundene Ruhelosigkeit. Schon zwei Jahre nach der Ankunft in Oberösterreich kehrt Höflers Vater nach Berlin zurück, wohin er die Familie 1915 nachkommen lässt. Was goldenen Boden hat, ist in den Reden des Vaters jetzt nur noch schmerzliches Erinnern, längst ist er zum Industriearbeiter geworden. Gründet darauf Höflers Festhalten am Handwerklichen? Er wird ihm immer treu bleiben. Zunächst lässt er sich als Zahntechniker ausbilden, bricht die Lehre jedoch ab, wechselt zu einem Feilenhauermeister. Aus dieser Zeit stammen Höflers erste Gedichte, die er „bei der Petroleumlampe, nachts, zum Ärger des Vaters" geschrieben hat, wie sein Bruder Leo erinnert.

Höfler hält es nicht in Berlin. Er begibt sich auf die Walz, die ihn durch Bayern, Österreich und Oberitalien führt. In den verschiedensten Berufszweigen verdingt er sich, mal als Tischler oder Flickschuster, dann als Polsterer, Gold- und Silberschmied. Zuweilen verdient er sein Geld mit dubiosen Geschäften, gerät dabei nicht selten in wüste Raufhändel, was ihn wiederum mit den Behörden in Konflikt bringt. Als blinder Passagier gelangt er auf einem Frachtdampfer nach Spanien. Dann lebt er eine Zeitlang als Zuhälter in Rotterdam bei einer Prostituierten, heuert als Heizer und Trimmer auf Küstenschiffen an – kurzum, eine Biografie, die andere für sich erfinden, um sich interessant zu machen.

Was treibt Höfler an? „Und nirgends ein Ort, wir gehen fort, wir kommen her, und nirgends ein Ort", vermerkte Augustinus in den *Confessiones*: Zu dieser Erkenntnis scheint auch Höfler gekommen zu sein, „in allen Provinzen Europas habe ich die Erde gerochen", schreibt er in einem seiner Sonette. Den Geruch der Erde sucht er zweifelsohne zeitlebens, sesshaft wird er nie. Allein die Zeitumstände wissen das zu verhindern.

Wieder nach Berlin zurückgekehrt, tritt Höfler der Kommunistischen Partei und dem später verbotenen Roten Frontkämpferbund bei. Er verkehrt nun regelmäßig in literarischen Kreisen, ist bekannt mit Erich Mühsam, Joachim Ringelnatz und Theodor Plievier. Thomas Mann, Franz Werfel, Alfred Kerr und andere treten für die Veröffentlichung seiner Arbeiten ein. Auf weniger Gegenliebe stößt der bekennende Kommunist beim braunen Mob, der immer mehr die Straßen beherrscht.

Ein Jahr vor der nationalsozialistischen Machtergreifung stirbt Höflers Mutter an einer Lungenentzündung. Mit dem meist arbeitslosen und der Trunksucht verfallenen Vater verbindet ihn wenig. Auch wenn Höfler später schreibt, „heute weiß ich, daß von allen Armen er der ärmste war". Dabei macht er gewiss eigene Erfahrungen geltend: „Freunde, ihr wißt, wie mir das Leben auf der Zunge schmeckt!/Oho, munteres Zünglein! – Und ihr wißt: Glück oder Glas!/Darum bedenke ich gerne dies und denke gerne an das,/eh der süße Wein mächtig mir eins in die Krone steckt."

Mit Beginn der Hitlerei wird Peter Karl Höfler zum Gejagten, SA und Gestapo spüren ihn stets in seinen Verstecken auf. Höfler flieht nach Österreich, wo er in der Wiener Josefstadt bei einer Schwester seiner Mutter Unterschlupf findet. Er hält sich mit Gelegenheitsarbeiten über Wasser, ohne die Hilfe seiner Tante wäre er jedoch nicht durchgekommen. Und hätte kaum Zeit zum Schreiben gefunden.

In Wien beginnt Höfler mit der Arbeit an einem Roman, doch es zieht ihn immer tiefer hinein in seine Form des lyrischen Sprechens. Das lädt er mit Themen auf, die seinen einstigen Parteigenossen zunehmend suspekt werden. Zu mystisch ist er ihnen, der Höfler, zu spirituell, es mangelt ihm an Klassenbewusstsein, seine Gedichte macht er unverhohlen zum Gebet. Der so Gescholtene interpretiert die Vorwürfe freilich anders und klagt, man sei in der Partei bestrebt, sein Talent niederzuhalten. Ähnlich reagiert der nach Dänemark exilierte Bert Brecht, der die Parteitheoretiker „Feinde der Produktion" und Apparatschiks nennt, die alles unter Kontrolle halten möchten.

Als die Nazis in Österreich anrücken und Begeisterungsstürme ernten, die sie in ihren kühnsten Träumen nicht erwartet hätten, flüchtet Höfler nach Brünn. Von nun an nennt er sich Jesse Thoor, ein Pseudonym, das seine Zerrissenheit widerspiegelt und Gegensätzliches miteinander vereint. Im *Sonett vom guten Willen* schreibt Thoor: „So habe ich das Sterben fürchterlich und tausend-

fach erlitten,/da ich – nicht Mensch noch Tier mehr –
stöhnend aufgeschrien,/als sie, die Tollen, mir das Herz in
meiner Brust entzweigeschnitten./War es an jenem Tage
der Gewalt im März, war es in Wien?//Ich sah um nichts
mich weniger gehetzt im Narrenspiegel von Paris,/Oh,
minder nicht gelähmt in Rotterdam, in Basel oder Prag –
und dort, wo Unverstand mir noch das Eingeweide grauenhaft zerstiess."

In Brünn kann Thoor nicht bleiben. Ende September 1938
werden Hitler durch das Münchner Abkommen die tsche-
choslowakischen Gebiete mit mehrheitlich deutschspra-
chiger Bevölkerung zugesprochen. Gut drei Wochen später
wendet sich Thoors Kollege Franz Werfel an den Initia-
tor der *American Guild for German Cultural Freedom*: „Ich
empfehle den Dichter Jesse Thoor auf das dringendste
für ein Stipendium. Seine Sonette sind zweifelsohne die
erstaunlichste Leistung, die mir auf dem Gebiet deutscher
Lyrik seit Jahren begegnet ist. Sie zeigen nicht nur eine
dichterische Sprache und Bildkraft hohen Grades, sondern gestalten auch einen Zustand der Seele, der einmal
vielleicht für unsere Epoche charakteristisch sein wird."
Thoor erhält ein Stipendium, ein Flugticket sowie die
Einreiseerlaubnis nach England. In den ersten Wochen
des Londoner Exils lernt er die aus Wien geflohene Frie-
derike Blumenfeld kennen, die er ein Jahr später heiratet. Zuvor jedoch fallen ihm die „Pfaffen der Partei" in
den Rücken, wie Thoor die vormaligen Weggefährten in
einem Gedicht bezeichnet. Er wird von ebenfalls emigrier-
ten Kommunisten als angeblicher Nazispion verleumdet
und mit Kriegsbeginn zunächst in Devon, dann auf der
Isle of Man interniert. Ein wenig mag ihn trösten, dass
sechs seiner Gedichte in der von Thomas Mann in der
Schweiz herausgegebenen Zeitschrift *Maß und Wert* in

Druck gehen. Dadurch wird ihm erneut ein Stipendium der *American Guild* zugesprochen, mehr als das Existenzminimum sichert es freilich nicht.

Vom Schreiben zu leben, ist utopisch. Ans Schreiben zu denken, wird zur Qual. Thoors Misstrauen gegen die Sprache wächst, denn sie ist „nichts anderes als ein Verständigungsmittel – aber kein Mittel zu verdienen, oder sich durchzusetzen. Das soll man mit dem Hobel, mit dem Pflug, mit der Materie tun", hält er in einem Brief an seine Tante in Wien fest.

Natürlich schreibt er dennoch weiter. Ausgangspunkt für seine Gedichte werden zunehmend die von den Mystikern bekannten Zustände geistigen Schauens. Sie verändern Thoors Denken und Dichten von Grund auf. Vieles von dem, was er fortan sagt, wird unverständlich und wirkt aus heutiger Sicht befremdend: „Arbeitet auf den Feldern und achtet der Erde, die euch trägt. Beachtet das Holz, den Stein, und so alle Dinge voller Wunder sind: behütet eure Werkstatt ... sie ist ein Schrein der Offenbarung" heißt es im Gedicht *Karfreitagsrede*.

Die Arbeit in der Werkstatt hilft ihm, dem der Handwerksberuf von Jugend an so wichtig war, über manche Niederung des Exilantenalltags hinweg. Thoor stellt Gold- und Silberschmiedearbeiten her, Schmuck und Ringe für Freunde, bizarr anmutende Blumen und Kelche voll religiöser Symbolik. Dazu passend die archaischen Bilder, die seine Lyrik jetzt prägen. Doch es ist keine Blut-und-Boden-Archaik, wie man sie aus vielen Gedichten jener Zeit kennt. Die Entwurzelung zwingt ihn förmlich, auf eine Wiedereinwurzelung zu insistieren, auf eine Wiederentdeckung des Individuums und vor allem der Grundwerte. Es ist ein franziskanisches Staunen vor der Schöpfung, das ihn lobpreisen lässt. Nicht von ungefähr beruft er sich in einem seiner Gedichte auf den heiligen Mann aus Assisi als Zeugen. Gleichzeitig sind Thoors Verse ein Ausdruck der Erschütterung über eine Menschheit, die diese Schöpfung zu vernichten droht. Menschenrechte allein können es nicht mehr richten, die Erlösung der Menschheit obliegt einer höheren Instanz. Er, der einst gegen alle Rangordnungen Sturm lief, sieht keinen anderen Ausweg mehr, als eine übernatürliche Hierarchie zu akzeptieren. Er, der noch in einem frühen Gedicht geschrieben hatte, es tue ihm leid, er „glaube nicht an Gott", macht sich nun zu dessen Sprachrohr und huldigt der Jungfrau Maria.

Zweifelsohne, der Herr ist sein Hirte, doch Thoor ist kein willfähriges Schaf. Seinem Gottesbild haftet nichts Naives, seiner Gläubigkeit nichts Verbohrtes an. „Alles, was man von Gott denken kann, ist er nicht", schrieb Meister Eckhart einmal, so sieht es auch Jesse Thoor. Seine Gedichte stehen im Einklang mit den deutschen Mystikern, er nimmt Anleihen im Alten Testament, beruft sich auf Johannes vom Kreuz, auf die visionären Gedichte des Andreas Gryphius, auf den späten Hölderlin. Bei aller Anverwandlung, epigonal wird Thoor nie. Im Gegenteil, er ist eine der singulären Erscheinungen in der deutschsprachigen Literatur. Wie kein anderer versteht er es, seine Gedichte mit christlichen und mystischen Anspielungen zu durchwirken, dabei Formenstrenge walten zu lassen und sich eine Einfachheit im sprachlichen Ausdruck zu bewahren, die sein Werk im besten Sinn zum Ereignis, zu einem einzigartigen poetischen Paternoster machen.

Thoors Gedichtsprache ist die eines Exilierten und kennt nur zwei Extreme: das Pathos und das Verstummen. Demgemäß strotzen seine Strophen vor prophetischer Emphase und reißen unvermittelt ab in ‚stummen' Versen, die Thoor mit Strichen kennzeichnet. Mit solchen Strichen markiert er wohl auch die Jahre des Exils.

Heimisch wird Thoor in England nie, schon gar nicht in der englischen Sprache, die zu erlernen er sich weigert. Die Jahre der Emigration verlebt er in dürftigsten Verhältnissen in Hampstead. Der dörfliche Charakter dieses Stadtviertels im Norden Londons wird seiner Sehnsucht nach dem einfachen Leben in der Natur Nahrung gegeben haben. Seit langem gilt Hampstead als Quartier der Künstler und Intellektuellen, John Keats, Katherine Mansfield, D. H. Lawrence oder Anna Pavlova wohnten hier und träumten bei Spaziergängen durch die ausgedehnten Parkanlagen von Hampstead Heath vom Landleben. Auch der aus Wien vertriebene Sigmund Freud verbringt sein letztes Lebensjahr in Hampstead.

Was als Werkstatt für seine Schmiedearbeiten dient, ist zugleich die Einzimmerwohnung, die Thoor mit seiner an Lungentuberkulose leidenden Frau bewohnt. Ihr hat er es zu verdanken, nicht gänzlich verstummt zu sein. Davor bewahrt ihn gewiss auch seine Überzeugung, die göttliche Ewigkeit lasse sich nicht über den Verstand erreichen. Dass er Letzteren verloren habe, davon sind die meisten derer überzeugt, die ihn in London antreffen. Der Lyriker, Übersetzer und Essayist Michael Hamburger erinnert sich einer Begegnung mit Jesse Thoor, als der gerade vom Verlag Faber & Faber in Soho kommt. Thoor habe T.S. Eliot eine eigenhändig geschmiedete Blume überreichen wollen in der Hoffnung auf ein Schiff als Gegengeschenk, gedenke er doch dem Fliegenden Holländer gleich fortan über die Meere zu fahren. Bei einer der Sekretärinnen im Verlag ist Endstation, sie weist Thoor als Wahnsinnigen ab.

Aufs Verrücken versteht sich Thoor, entrückt ist er allemal. Er lebt die „Torheit der Gerechten", von der er in seiner Lyrik immer wieder spricht. Sein in den 30er-Jahren einsetzender Mystizismus ist ein tief empfundener, erlöst ihn aber keineswegs von einer ebenso tief empfundenen inneren Disharmonie. Allein die Tatsache, die Geschichte in Worte zu fassen, muss für Konflikte sorgen.

Jedem „*l'art pour l'art*"-Gedanken fremd, geht es Thoor schon in seinem frühen Schaffen nie um das ‚absolute‘ Gedicht, sondern darum, vom Absoluten Zeugnis abzulegen. Dass er sich dabei ins Mieder des Sonetts schnürt, zeigt seinen Sinn für Selbstkritik. Tatsächlich garantiert die Form, die ihn zur Reduktion zwingt, dass seine Gedichte trotz überbordendem Pathos nie banal oder gar geschwätzig wirken. Auch vermeint man bei Thoors Gedichten zu den Ursprüngen des Sonetts zurückzukehren, zu einer literarischen Form, die sich aus dem gesungenen Vortrag entwickelt hat. Thoors Gedichte sind Lieder und prägen sich einem wie solche ein. Wer Jesse Thoor gelesen habe, werde ihn nicht vergessen, formulierte Michael Lentz einmal treffend. Man tut gut daran, sich Thoors Gedichte laut vorzulesen – nicht dass sie andernfalls an Qualität verlieren, aber die ungeheure Dynamik, Melodik und Suggestionskraft, die seinen Versen innewohnt, will gehört werden.

Thoors frühe Vorbilder sind offensichtlich Villon und Rimbaud. An Ersterem fasziniert ihn das anarchische Temperament, an Letzterem die Fähigkeit, ein solches Lebensgefühl im Gedicht zu bändigen. Lesend hat sich der Autodidakt Thoor, der nie eine akademische Bildung genossen hat, zum Dichter geschult. Seine Bücherfeindlichkeit, mit der er sich in frühen Jahren gerne brüstete, um das Bildungsbürgertum mit zu verhöhnen, entpuppt sich bei näherer Betrachtung seiner Gedichte als Attitüde. Zu anspielungsreich sind seine Strophen, zu genau gearbeitet sein Vers. Doch gehört die Koketterie eben auch zur Zerrissenheit eines Mannes, dessen Wahl des

Pseudonyms nicht nur mit dem Gemütszustand korrespondiert, sondern darüber hinaus auch Belesenheit verrät.

Jesse Thoor. Zwei Pole, Nord und Süd. Jesse von Jesaja, dem biblischen Propheten, Thoor vom germanischen Gott Donar. Der gilt im nordischen Mythos als Bewahrer vor Übeltaten, sein wichtigstes Attribut ist der Hammer, mit dem er die Erde urbar macht. Kaum verwunderlich also, dass Thoor so inbrünstig die heilige bäuerliche Ordnung besingt. Jesaja wiederum ist jener Prophet, der dem jüdischen Volk das Ende des babylonischen Exils verkündet. „Und ein Reis wird hervorgehen aus dem Stumpfe Isais, und ein Schößling aus seinen Wurzeln wird Frucht bringen", ist im Buch Jesaja zu lesen. Auf diese Textstelle gründet das bekannte Lied *Es ist ein Ros entsprungen*. Auch in Thoors Werk findet sich ein *Weihnachtslied*, dort heißt es: „Daß also ein Reislein sprang, viel Preis und Ehr! Und recht schönen Dank dem, der kein Unrecht begehr!"

Drei Jahre nach Kriegsende erscheint im Nürnberger Nest-Verlag ein Band mit dem Titel *Sonette*. Es wird Jesse Thoors einzige Publikation zu Lebzeiten bleiben. 1952 verlässt er London, will zurück nach Österreich. Der Erlös aus seinen Goldschmiedearbeiten reicht für eine Fahrkarte, die ihn nach Matrei in Osttirol bringt, wo er bei einem Bekannten unterkommt. Mit ihm unternimmt Thoor, gerade erst von einer Herzthrombose genesen, eine Bergtour. Am folgenden Tag möchte er seine aus Wien angereiste Tante von der Busstation abholen, bricht auf dem Weg dorthin zusammen. Nach vier Tagen Pflege im Haus des Bekannten wird er ins Lienzer Krankhaus eingeliefert. Dort stirbt Jesse Thoor am 15. August 1952, am Mariahimmelfahrtstag. Seine Tante erinnert sich: „Als der Arme wegfuhr von Matrei, sagte ich zum Abschied: Wirst brav sein Karli und den Ärzten folgen. Er sagte, nein, Tante, brav werde ich diesmal nicht sein."

Ein Vierteljahrhundert später besucht der Osttiroler Johannes Trojer das Grab Jesse Thoors. Mittlerweile sind einige Gedichte in der von Walter Höllerer herausgegebenen Zeitschrift *Akzente* abgedruckt worden. Ferner erschien eine von Alfred Marnau vorgenommene Auswahl an Gedichten, die neun Jahre später erneut aufgelegt und mit einem Vorwort von Michael Hamburger versehen wurde. Auch kann Trojer auf den 1975 von Peter Hamm im Suhrkamp Verlag herausgegebenen Band mit Gedichten von Jesse Thoor verweisen. 2005, zu Thoors 100. Geburtstag, kommt es zu einer Neuauflage dieses Buchs. Es ist die einzige Publikation, die momentan erhältlich ist.

Trojer verfasst einen Artikel für die *Osttiroler Heimatblätter*, in dem er das Werk Thoors würdigt und seine Vita kurz umreißt. Er führt eine Reihe von Wahlverwandten Jesse Thoors an, Franz von Assisi, Paracelsus, Rimbaud, Villon, Simone Weil, Theodor Kramer. Auch nennt er nicht zu Unrecht William Blake. Von Letzterem stammt der wunderbare Satz: „Wenn der Narr auf seiner Narrheit bestünde, würde er weise werden."

„Weißt du, was ein Salamander ist?" Es ist die Frage eines Narren, der auf seine Narrheit nie verzichten wollte. Jahre später findet Ingeborg Bachmann in ihrem Gedicht *Erklär mir, Liebe* eine Antwort: „Ich seh den Salamander durch jedes Feuer gehen. Kein Schauer jagt ihn, und es schmerzt ihn nichts."

„Denn klar seh ich wie nie zuvor: – Die Liebe höret nimmer auf!"

Jesse Thoor gehört zu den Weisen.

„Seltsam, wie alles weitergeht,
ohne einen selber"

Warum ausgerechnet Tulln, frage ich mich, als ich vor den Tullner Bahnhof hinaustrete. Was mag Emmanuel Bove vor gut 100 Jahren hierher verschlagen haben? Wen mag er getroffen haben, welche Wege führten ihn durch die Stadt, während er an seinem Roman *Meine Freunde* schrieb – ein Meisterwerk, das heute als Klassiker der französischen Literatur gilt. Trat er bei seiner Ankunft – wie ich gerade – unschlüssig von einem Bein aufs andere? Drehte er sich um zum Bahnhofsgebäude, in dem Egon Schiele seine Kindheit verbrachte und erste Zeichnungen anfertigte?

Wahrscheinlich zündete er sich eine Zigarette an, Bove war Kettenraucher, mitunter soll er bis zu hundert Zigaretten am Tag konsumiert haben. Wem auch immer Bove in Tulln begegnet ist, mit Sicherheit einem Trafikanten. Ich versuche mir vorzustellen, wie er den Bahnhofsvorplatz überquert, er hatte einen schlendernden Gang, habe ich einmal gelesen, „eine Schulter höher als die andere". Aus seinem Wehrpass geht hervor, dass er „1.71 Meter" groß gewesen sei, „braunes" Haar gehabt habe und seine Augen „orangefarben" gewesen seien.

Am Tag seines 20. Geburtstags, dem 20. April 1918, folgte Bove der Einberufung seines Jahrgangs zum Militär. Seine Einheit wurde in die Bretagne geschickt, wo er bis November 1918 seinen Grundwehrdienst ableistete. An die Front musste er nicht, dank des Waffenstillstands entging er dem Krieg. Den Rest seiner Dienstzeit, damals drei Jahre, verbrachte er in verschiedenen Garnisonen in Ostfrankreich. Kaum aus dem Dienst entlassen, wurde er erneut eingezogen. Im März 1921 besetzten französische und belgische Truppen in der gemäß Friedensvertrag entmilitarisierten Zone des Rheinlands die Städte Duisburg und Düsseldorf. Lange musste Bove aber nicht bleiben, sein Wehrpass gibt in militärischer Knappheit Auskunft: „Im Mai 1921 im Korps angekommen als Schütze. Besetzung des Rheinufers vom 11. Mai bis zum 15. Juni 1921. Nach Hause entlassen am 17. Juni 1921."

Ich folge Bove über den Bahnhofsvorplatz, er kommt nicht alleine nach Tulln, an seiner Seite befindet sich Suzanne, sie ist fünf Jahre älter als er, das Paar hat erst vor zwei Wochen geheiratet, am 6. Dezember 1921 im Rathaus des 10. Arrondissements in Paris. Suzanne, mit Mädchennamen Vallois, lernte Bove während seiner Zeit beim Militär kennen, sie arbeitete als Volksschullehrerin, sie sei groß gewesen, braunhaarig, habe spanische Gesichtszüge gehabt.

Als die beiden in Tulln ihre Zelte aufschlagen, zählt die Stadt etwas mehr als 6 000 Einwohner. Der Zerfall der Monarchie und die ersten Nachkriegsjahre haben auch hier ihre Spuren hinterlassen. Vorbei der Glanz der Jahrhundertwende, als man sich in der ehemaligen Bamberger-Residenz weltmännisch gab, die neueste Mode aus Wien zur Schau trug und im Sonntagsstaat über die Wiener Straße zum Hauptplatz flanierte. Zahlreiche gutbürgerliche Geschäfte gab es, kleine Konditoreien, Wirtshäuser. Nun mangelt es an allem, die Hyperinflation setzt den Menschen zu, bekam man 1914 für zwei Kronen noch ein Kilo Schweineschmalz, waren jetzt bis 15 000 Kronen dafür zu bezahlen. Ein Laib Brot kostete 1922 zuweilen mehr als 5 500 Kronen, ein Jahr zuvor war er noch um 160 Kronen zu haben. Über das Tullner Feld zogen Scharen von ‚Hamsterern' und Quellen besagen, dass an Samstagabenden die Züge, die von Wien kamen, derart überfüllt waren, dass die Menschen wie Bienenschwärme an den Trittbrettern der Waggons hingen und sogar auf den Dächern gesessen seien. Scheine im Wert vom 5 000, 50 000, 100 000 und 500 000 Kronen waren im Umlauf, österreichweit kam es zu Hungerdemonstrationen, Plünderungen und Toten, die Salzburger Festspiele mussten abgesagt werden, da die Gäste nicht mehr verpflegt werden konnten, auch in anderen Tourismusregionen, Tirol und Oberösterreich, wurden alle Gäste ausgewiesen, die Lebensmittel reichten nicht.

Warum also ausgerechnet Tulln, warum Österreich? Emmanuel Boves jüngerem Bruder Léon zufolge, habe der günstige Wechselkurs das junge Paar zum Verlassen Frankreichs bewogen: „Das Geld war nichts mehr wert. Mit dem wenigen, das Suzanne noch hatte, kaufte er Schillinge, und dann zogen sie dorthin, damit er Zeit habe, sein Buch zu schreiben." Und er fügt noch hinzu: „Nur kamen sie vor Hunger fast um." Damit übertreibt er zweifelsohne nicht, die Situation in Österreich war in der Tat verheerend, aber in Frankreich war sie eben nicht besser. Fest steht jedoch auch, dass Bove Paris unbedingt verlassen wollte, um schreiben zu können, er sollte dieses Vorhaben in den darauffolgenden Jahren immer wieder umsetzen, mal ging er in die Schweiz, mal an die Côte d'Azur, um einen Roman zu beginnen. Was nicht heißen soll, dass er in Paris nicht arbeiten konnte, ganz im Gegenteil. Oft sei er stundenlang in den Cafés von Montmartre gesessen und habe dort geschrieben, aber um sich wirklich konzentrieren zu können, war Paris wohl nicht die richtige Stadt für ihn. Immer wieder brach er alle Brücken nach Paris ab, kehrte er seiner Geburtsstadt den Rücken – und wohl auch seiner Familie, Bove schämte sich seiner Herkunft, sein ganzes Leben lang.

„Nach seiner Militärzeit war er von der fixen Idee besessen, endlich in Gang zu setzen, was er werden wollte, und das heißt: durch die Literatur berühmt zu werden, ein

Buch zu schreiben, irgendetwas, das bewirkte, dass man von ihm sprach." Dies behauptet sein Bruder Léon, zu dem Bove ein schwieriges Verhältnis pflegte. Dennoch geben die Erinnerungen seines Bruders, die dieser als Erwachsener aufzeichnete, Einblick in das Leben des Schriftstellers, wie auch die Gespräche seines Bruders mit Raymond Cousse, der mit Jean-Luc Bitton eine umfassende Biografie zu Emmanuel Bove verfasste. Aber will Bove berühmt werden, wie sein Bruder behauptet, will er wirklich, dass man von ihm spricht?

Während ich meinen Gedanken nachhänge, sehe ich die beiden mächtigen Türme der Tullner Stadtpfarrkirche, fast fünfzig Meter sind sie hoch, sie prägen das Bild der Stadt bereits, als Bove und seine Frau hier ankommen und ein Zimmer in Untermiete beziehen. Wenig ist über ihren Aufenthalt bekannt, nicht einmal das Haus, in dem das Paar lebte, ist ausfindig zu machen. Als wäre Bove nie in dieser Stadt gewesen, in der im Mai 1922 seine Tochter zur Welt kommt. Suchte die schwangere Suzanne nicht einen Arzt auf, ging Bove nicht in eine Apotheke? Scheint Nora nicht in einem Geburtenregister auf? Ihr Vater vergaß, sie anzumelden, las ich in der vorhin erwähnten Biografie, „was Nora später, als sie heiraten will, einige Probleme mit der Bürokratie beschert. Lange Zeit kann sie nicht mit Sicherheit angeben, ob sie tatsächlich Französin ist."

Bove war keinesfalls einer, der wollte, dass man von ihm spricht. Während andere versuchen, von sich reden zu machen, scheint er sich selbst vergessen machen zu wollen. Und schon gar nicht will er von sich selbst sprechen. Als er – bereits ein gefeierter Autor – von einem Verleger gedrängt wird, etwas über sich selbst zu schreiben, lehnt er durchaus humorvoll ab: „Wenn ich um des Redens willen rede, wird man meinen, dass ich einen kleinen virtuosen Akt vollführe, und mir erneut sagen, was ich schon so oft gehört habe: ‚Sie haben das Talent, aus nichts etwas zu machen.' Sollte ich dieses Talent wirklich haben, dann schwillt mir aber deshalb nicht gleich der Kamm, denn ich halte es nicht für verdienstvoll, aus nichts etwas zu machen, sondern eher, etwas aus dem zu machen, was man vorfindet. Und das ist in diesem Fall meine Unfähigkeit, Angaben zu meiner Person zu liefern. Dafür gibt es tausend Gründe. Der hauptsächliche Grund ist eine Scham, welche mich daran hindert, von mir selbst zu sprechen. Alles, was ich sagen könnte, wäre darüber hinaus verkehrt."

Sein um ein Jahr älterer Kollege, der Dichter und Schriftsteller Philippe Soupault, hält über Boves Verschwiegenheit fest: „Bove war ein eigenartiger Mensch. Er war sympathisch, entgegenkommend, freundschaftlich – aber immer ein wenig reserviert. Man spürte, dass er etwas phlegmatisch und zugleich weit weg war. Er öffnete sich nicht leicht und legte eine gewisse Kühle an den Tag, die in Wirklichkeit eine Art Scham war. (...) Ob er schweigsam war? Nein, das war er nicht: Er dachte an etwas anderes."

„Boves Geistesabwesenheit war nicht frei gewählt, auch keine Pose, sie gehörte zum Kern seines Wesens, und sie hat oft zu Missverständnissen mit seinen Nächsten geführt", schreibt einer von Boves Biografen. Führt diese Geistesabwesenheit etwa auch dazu, dass er vergisst, seine Tochter Nora anzumelden? Fest steht, nicht einmal in den Briefen, die er Ende April und Anfang Mai aus Tulln und Wien an seinen Bruder in Frankreich schreibt, wird erwähnt, dass das Paar ein Kind erwartet.

Wie reagieren die Menschen in Tulln auf das Paar? Erkennen sie in Boves Geistesabwesenheit die Attitüden eines Städters? Interpretieren sie sein Gebaren als

Arroganz? Immerhin ist er Franzose, Klischees sind damals wie heute rasch zur Hand. Gewiss haben die Tullnerinnen und Tullner andere Probleme, zwar sind viele ihrer Kinder, die nach Kriegsende in die Schweiz, nach Holland und Dänemark verschickt wurden, um dem Hungertod zu entgehen, wieder zurück, aber die Zeiten sind nach wie vor trist, da kümmert man sich wahrscheinlich wenig um einen Franzosen und dessen Frau.

Doch mag die Zeit auch noch so trüb sein, Bove legt eine Unbekümmertheit an den Tag, die verblüfft. Er scheint sich keine Sorgen zu machen, ist von einer ungeheuren Realitätsferne und Arglosigkeit, vor all den Katastrophen – und die ereilen ihn ja schon seit seiner Kindheit – scheint er in eine Traumwelt zu fliehen. Er ist „woanders", im Universum des Traums, wie seine Biografen treffend feststellen, „ja fast des Schlafwandelns, an der Grenze des Weggetretenseins". Diese Ansicht bestätigt auch der Schriftsteller und Kunsthistoriker Jean Cassou, der während der deutschen Okkupation Frankreichs in der Résistance kämpfte und nach Kriegsende das Pariser *Musée National d'Art Moderne* aufbaute, Cassou kannte Bove in seinen Anfängen: „Bove war dem praktischen Leben gegenüber völlig gleichgültig, mit einer Art entzückender Unbekümmertheit. (...) Voller Ironie, wenn er bei uns war, und ganz unernsthaft in Bezug auf sich selbst."

Bei all der Leichtfertigkeit darf nicht unerwähnt bleiben, dass Bove schlicht unfähig war, Verantwortung zu übernehmen, mehr noch, er ging ihr aus dem Weg. Dies wiederum sorgte bei seinen Verwandten für Missstimmung, die mitunter in offenen Hass umschlug. Er funktionierte nicht, um es salopp zu formulieren, und nicht etwa, weil er nicht funktionieren wollte, er war schlicht nicht in der Lage dazu. Seine Unangepasstheit führte unweigerlich zu familiären Brüchen und verweist zugleich auf seine Kindheit.

*

Geboren wurde Emmanuel Bove als Emmanuel Bobovnikoff 1898 in Paris. Sein Vater, ein Bonvivant und Hasardeur, wuchs im jüdischen Viertel von Kiew auf und kommt vermutlich ein Jahr vor Emmanuels Geburt in Paris an. Angeblich floh er als wichtiges Mitglied der anarchistischen Bewegung vor der zaristischen Polizei, das ist aber nur Legende. Viel eher zwang ihn die Angst vor Pogromen zur Flucht: Als Zar Alexander II. 1881 einem Attentat zum Opfer fällt, werden umgehend Juden der Tat bezichtigt, obwohl der Mörder ein Russe ist. Massive Übergriffe sind nun an der Tagesordnung, vor allem in Kiew und Odessa. Mag sein, es gab noch andere Gründe, die Boves Vater zum Aufbruch veranlassten, alles reine Spekulation. Jedenfalls durchquerte er zu Fuß Deutschland, hielt sich einige Zeit in Berlin und Straßburg auf und eignete sich auf seinem Gewaltmarsch – wie es anders nennen – die deutsche Sprache an, was ihm bald nützlich sein sollte. Denn in Paris lernte er Henriette Michels, Boves Mutter, kennen, eine deutschsprachige Luxemburgerin, die sich zwar schon seit einigen Jahren als Hausmädchen in der Seine-Metropole verdingte, aber der französischen Sprache kaum mächtig war. Lange verständigten sich die beiden auf Deutsch, wobei sie einander nicht viel zu sagen hatten, wie es scheint. Während Boves Mutter weiterhin als Mädchen für alles arbeitete, hing sein Vater seinen Träumen nach, nannte sich mal Student, mal Professor, dann wieder Schriftsteller, Buchdrucker oder Verleger, und schlug sich die Nächte um die Ohren. „Obwohl immer knapp bei Kasse, war er ein unverbesserlicher Schürzenjäger", kommentiert Léon. Und: „Er war ein mit einer lebhaften Intelligenz ausgestatteter Träumer, der von dem Wunsch beseelt war, es zu etwas zu bringen."

Seine ganze Kindheit hindurch werden Emmanuel Bove, sein Bruder und seine Eltern regelmäßig aus Wohnungen hinausgeworfen, da sie die Miete nicht aufbringen können. Der Schriftsteller hat sich nie öffentlich zu seinen Eltern und seiner Kindheit geäußert, sein Bruder aber gewährt Einblick in die düsteren Verhältnisse: „Emmanuel schlief in einem schmuddeligen Bett. Selbst im Jänner gab es Wanzen. Die Kinder schauten ihnen zu, wie sie auf den Wänden herumkrochen, und zerquetschten sie mit den Fingern. Die meiste Zeit saß Henriette mit ihren zwei Kindern ohne einen Sou auf der Straße, das jämmerliche Mobiliar stand im Treppenhaus, und sie rannte wie eine Verrückte herum, ohne zu wissen, wohin oder an wen sie sich wenden könnte." Von einer Wohnung in die nächste, von der Rue du Val-de-Grâce – in der ein Herr Blutel wohnt, der später zu einer Figur im Bove'schen Werk wird – zum Boulevard de Port-Royal, kaum zehn Minuten Fußweg von der einstigen Bleibe entfernt, es ist die Zeit, in der Léon geboren wird. Zu dritt hausen sie nun in dem Loch, Emmanuel, Léon und ihre Mutter, Vater Bobovnikoff geht seiner Wege, hat längst eine Neue.

Durch diese Neue, die Engländerin Emily Overweg, widerfährt Boves Kindheit eine Zäsur. Overweg öffnet ihm den Blick in eine andere Wirklichkeit, plötzlich hat er eine bis dahin nicht gesehene Welt vor Augen, denn sein Vater lebt nun abwechselnd bei seiner Ehefrau und seiner neuen Geliebten. Emily ist reich, besitzt eine 5-Zimmer-Wohnung auf dem Boulevard du Montparnasse und unterhält zusätzlich, sie ist Kunstmalerin, ein Atelier in der Rue Campagne Première, das als Künstler- und Schriftstellerdomizil gilt. Von nun an pendelt Bove zwischen zwei Haushalten hin und her, taucht ein in die Welt der Reichen, Léon hingegen bleibt bei seiner Mutter, verbittert schreibt er in seinen Erinnerungen: „Mein Vater hatte meinen Bruder meiner Mutter weggenommen, er hatte ihn geraubt, um ihn Emily zu bringen, weil Emily davon träumte, ein Kind zu haben, und weil sie zu dieser Zeit keins hatte. Hinzu kam der Umstand, dass meine Mutter es nicht schaffte, mit dem bisschen Geld klarzukommen, das mein Vater – wie auch immer – zusammenkratzte. Emily hatte sich also in dieses Kind verknallt.“

Wie dem auch sei, Léon gibt es ja selbst zu, bei all seinen Mängeln hat der alte Bobovnikoff die Familie nie gänzlich im Stich gelassen. Und Emmanuel Bove wird später in einem Roman mit dem sprechenden Titel *Der Stiefsohn* schreiben: „Obwohl erst ein Kind, hatte er erraten, wie verschieden von seiner Mutter diese Fremde war, die nie laut wurde und inmitten von Büchern, Farben, Gegenständen lebte, die ihm kostbar erschienen.“ Und an anderer Stelle: „Was sollte ohne seine Stiefmutter aus ihm werden? Obwohl es immer zahlreiche Konflikte zwischen ihr und ihm gegeben hatte, war sie dennoch der einzige Mensch auf der Welt, der ihm am Herzen lag. Sie war seine ganze Familie, sein Daseinsgrund, weil er sie liebte und weil sie den einzigen Bezug darstellte zu einem Milieu, in dem er nicht akzeptiert war und dem er doch sehnlichst angehören wollte.“ Auch ein Selbstportrait fertigt er an: „Er war jetzt ein großer, magerer junger Mann von siebzehn Jahren. Sein Gesicht war aufgedunsen und von diesem glanzlosen Fleisch, bei dem die Poren zu sehen sind. Seine Zähne waren so gewachsen, dass sie leicht vorstanden, man konnte sie erkennen, auch wenn er nicht redete. Von seiner ganzen Person ging etwas Nobles, Schüchternes, Stolzes aus. Die Stirn lag wie bei einem alten Mann in Falten. (...) Dennoch gab es in diesem ungefälligen Gesicht so etwas wie ein Licht, das von den Augen herkam und das einen denken ließ, dass dieser junge Mann in bestimmten Augenblicken schön sein konnte."

Von einem Roman auf das Leben eines Autors zu schließen, ist immer eine heikle Angelegenheit, aber bei *Der Stiefsohn* dürfte es sich dennoch um eine wenig kaschierte Autobiografie handeln. Léon bestätigt, dass sein Bruder Emmanuel eine tiefe Zuneigung zu seinem Vater und zugleich Mitleid für seine Mutter empfunden habe, was freilich nichts daran änderte, dass er sich alleingelassen fühlte: auf der einen Seite das unstete Leben seines Vaters, auf der anderen das Unvermögen seiner Mutter, ihm ein Gefühl von Geborgenheit zu geben. In Emily Overweg muss er eine Art Rettungsanker gesehen haben, an den er sich klammerte, und vielleicht wäre er ohne sie nie Schriftsteller geworden.

Ob er sich bei Emily und seinem Vater geborgener fühlt, sei dahingestellt, jedenfalls erhält er nun eine andere Erziehung, er lernt Tennis- und Schachspielen, er reitet, spielt Golf, taucht ein in ein Intellektuellen- und Künstlermilieu. An seinen schulischen Leistungen ändert das allerdings nichts, er bleibt ein undisziplinierter Schüler, fliegt regelmäßig von den Schulen, die er besucht – wenn er das denn tut, denn oft betritt er mehrere Monate keine Lehranstalt. Es zieht ihn auf die Straßen, er kleidet sich exzentrisch und übertrifft dabei noch seinen Vater. Auch ist er für sein Alter schon weit gereist, besucht auf Emilys Drängen eine Schule in Genf, ein andere in England, und nicht viele Kinder aus Paris zu jener Zeit werden an die Côte d'Azur gefahren sein, wo Emily in Menton eine Wohnung hat, in der sie mehrere Jahre lang mit Boves Vater und ihrem gemeinsamen Sohn Victor lebt, auch Emmanuel hält sich immer wieder dort auf.

Dann die Katastrophen gleich in mehrerlei Hinsicht: Der Krieg bricht aus, Emilys Konten in England werden gesperrt – und nach dem Krieg ist das Geld nichts mehr wert. Sein Vater stirbt 1915 an Tuberkulose, seine Stiefmutter ist selbst in Geldnöten und hat ihren Sohn Victor durchzubringen, Emmanuel schlägt sich als Tellerwäscher, Kellner, Straßenbahnfahrer und Hilfsarbeiter bei Renault in Paris durch. Er wohnt in einem schäbigen Hotel in der Rue Saint-Jacques, „er aß in einem heruntergekommenen Restaurant für 20 Sou", berichtet Léon, „und er trug russische Schuhe", also um die Füße gewickelte Lappen. Seine Armut und der ausländisch klingende Name tragen ihm sogar einen Monat Gefängnis in der berüchtigten Pariser Santé ein. Es sind dies die zwei elendsten Jahre seines Lebens, sie enden erst mit dem Beginn seines Militärdienstes. Es sind aber auch die prägendsten, sie bilden den Rahmen und liefern die Atmosphäre für die beiden ersten Romane Boves.

*

Von seiner Entlassung aus dem Militär im Juni 1921 bis zu seiner Übersiedlung nach Österreich hatte Bove noch zwei neue Anstellungen, zunächst als Versicherungsvertreter, danach als Werbefachmann. Er hatte in dieser Zeit noch nicht mit dem Schreiben begonnen, erst in Tulln setzte er um, was er seinem Bruder im Alter von 19 Jahren kundtat, als der ihn fragte: „Was willst du später mal machen?" Und Bove erwiderte: „Ich hoffe, Schriftsteller zu werden." Sein Bruder hakte nach. „‚Schriftsteller? Und du glaubst, du hast das Zeug dazu?' Er schien sich seiner sicher zu sein und hatte diesbezüglich keine Zweifel."

Bove hatte keine Zweifel. Seine ersten Werke, an deren Niederschrift er sich in Tulln macht, sind von einer zwingenden Notwendigkeit, sie kommen wie aus einem Guss, als hätte er sie schon jahrelang in sich getragen. Sein Stil ist schnörkellos, die Sätze sind auf das Äußerste reduziert, Subjekt Prädikat Objekt, da gibt es kein Wort zu viel, keine schwammigen Metaphern oder hinkenden Vergleiche. Reichen nicht schon die ersten Zeilen, mit denen der Roman *Meine Freunde* anhebt, um von der Originalität und dem Stil dieses Schriftstellers begeistert zu sein?

„Wenn ich aufwache, steht mir der Mund offen. Meine Zähne sind belegt: es wäre besser, sie am Abend zu putzen, aber das bringe ich nicht über mich. In meinen Augen eingetrocknete Tränen. Die Schultern tun mir nicht mehr weh. Ein Haarschwall bedeckt meine Stirn. Mit gespreizten Fingern streiche ich ihn zurück. Ohne Erfolg: wie die Seite eines neuen Buches richtet er sich auf und fällt mir wieder über die Augen."

Im Mittelpunkt des Romans steht der Kriegsinvalide Victor Bâton, der sich mit einer niedrigen Rente im Paris der 20er-Jahre durchs Leben schlägt. Zurückgeworfen auf sich selbst, sehnt er sich nach einem Freund, um der Einsamkeit zu entfliehen: „Wie feinfühlig ginge ich um mit dem Menschen, der mir Freundschaft erwiese. Niemals würde ich ihn verärgern. All seine Wünsche wären die meinen. Ich würde ihm überallhin folgen wie ein Hund." Doch alle seine Versuche, Freunde zu finden, sind zum Scheitern verurteilt. Bei seinen Streifzügen trifft er auf die Prostituierte Lucie, den Schnorrer Billard, einen lebensmüden Matrosen namens Neveu, auf die Nachtklub-Sängerin Blanche – zu Freunden werden sie ihm nicht. Nachdem ihm auch noch sein Dachzimmer gekündigt wird, fristet er in einem heruntergekommen Hotel sein Dasein.

Gewiss verarbeitet Bove in diesem Roman eigene Erlebnisse, vielleicht gibt er sich auch ein wenig in Victor Bâton zu erkennen. Bâton trägt stets einen Hut und führt in der linken Tasche seines Überziehers ein Taschentuch, einen Schlüssel und das alte Soldbuch mit sich, damit „das Gewicht dieser Dinge" seine schiefen Schultern ausgleicht.

Es gibt ein Foto von Bove aus seiner Zeit beim Militär, er trägt Uniform, und es ist zu erkennen, dass er die linke Schulter etwas nach oben zieht. Auch sein Bruder Léon bestätigt, Emmanuel habe einen unverwechselbaren Gang gehabt und sein Erkennungsmal sei gewesen: „eine Schulter höher als die andere".

Mag sein, das fiel auch den Menschen in Tulln auf, wenn sie Bove durch die Straßen gehen sahen, vorbei an den Resten der Tullner Stadtmauer beim Wiener Tor, in der Rudolfstraße oder an der Donau entlang. Ich stehe vor dem Tullner Karner, er gilt als einer der schönsten und bemerkenswertesten seiner Art, nicht viele Orte in Europa können sich ihrer Beinhäuser rühmen, Bove wird vom Ossarium Notiz genommen haben. Auch vom Römertum und dem ehemaligen Dominikanerinnenstift, das viele Jahre als Sanatorium diente und in dem sich nun das Römermuseum befindet, von der Minoritenkirche, alles Bauwerke, die ins Auge stechen.

Die meiste Zeit wird Bove am Schreibtisch verbracht haben. Was seine Frau Suzanne von seinen Schriftsteller-Ambitionen hielt, ist schwer zu sagen, aber es ist anzunehmen, dass sie ihn darin bestärkte. Ihre Tochter Nora weiß wenig über die Jugend ihrer Mutter, „ihre Eltern waren Leute vom Land und von einer schrecklich engstirnigen Mentalität. Als sie ihnen eröffnete, dass sie beabsichtige, meinen Vater zu heiraten, wollten sie davon einfach nichts hören. ‚Wie heißt der Kerl? Bobovnikoff?' – Undenkbar. Keiner wusste was über die Eltern, dann war kein Geld da usw. Ja, und was das Schreiben betrifft, das überstieg schlichtweg ihr Fassungsvermögen. Was und warum schreiben, und was sollen die Leute von uns denken? Kurzum, die Sache ging schief. Meine Mutter packte daraufhin ihre Siebensachen und reiste ab."

Daraus lässt sich zum einen schließen, dass Suzanne Vallois ihren Weg zielstrebig an der Seite ihres zukünftigen Manns gehen wollte, zum anderen zeigt es aber auch, dass sie Emmanuel ihren Eltern als Bobovnikoff vorstellte. Ob er in Tulln unter diesem Namen sein Zimmer in Untermiete bezog, konnte ich nicht eruieren, wahrscheinlich änderte er ihn erst in Bove, als er die literarische Bühne betrat – und das sollte bald der Fall sein.

Ohne Frau und Tochter verlässt Bove bereits im Oktober 1922 Österreich in Richtung Frankreich. Das Reisen zu dieser Zeit ist mühsam, gut eine Stunde dauert die Fahrt mit einer Regionalbahn zum Franz-Josefs-Bahnhof nach Wien, von dort zum Westbahnhof und dann in 22 Stunden über München und Straßburg nach Paris Gare de l'Est. In seinem Koffer hat Bove mehrere handgeschriebene Erzählungen, die er zu seinem ersten Buch formen wird. Nicht enthalten ist darin ein 44 Seiten umfassendes, von Bove unterzeichnetes und mit dem Datum *Wien 1922* versehenes Manuskript mit dem Titel *Le Crime d'une nuit, Das Verbrechen einer Nacht*.

Warum er Wien und nicht Tulln als Entstehungsort der Erzählung anführt, ist unklar, aber Bove sollte auch später – wenn er schon einmal über sich und seine literarischen Anfänge sprach – immer von Wien bzw. Österreich als seinem Aufenthaltsort sprechen. Einerlei, zurück in Paris findet er bald Fürsprecher für sein Vorhaben, Colette wird auf ihn aufmerksam – und öffnet ihm die Tür zur schriftstellerischen Karriere.

Im März 1923 kehren auch seine Frau und seine Tochter nach Paris zurück, ein Jahr später wird sein Sohn Michel geboren – und es erscheint der Roman *Meine Freunde*, ein durchschlagender Erfolg, das Feuilleton ist begeistert.

Man vergleicht Bove mit Proust und Dostojewski, in einer der Rezensionen ist zu lesen: „Der ganze Schmerz unseres Lebens, dieser Schmerz, den wir nicht immer wahrnehmen und den wir zu ersticken suchen, doch der am Ende immer siegt, ist in diesem großartigen Buch enthalten."

Ein wenig Geld bringt der Roman auch ein, sofort macht sich Bove an die Arbeit an seinem zweiten Buch. Es existiert ein Foto, aufgenommen im Jahr 1924 im Jardin du Luxembourg, das einen elegant gekleideten Vater neben seiner kleinen Tochter Nora zeigt. „Ich erinnere mich an jemanden, der sehr schön, sehr charmant und mit viel Humor versehen war", sagt Nora über diese Zeit und fügt hinzu: „Ich war sehr stolz auf ihn, ich bewunderte ihn. Sowie er ein bisschen Geld hatte, ließ er sich Seidenhemden nähen, auf denen sein Monogramm eingestickt war. Wenn kurze Zeit später das Geld aus war, verkaufte er sie zu einem lächerlichen Preis an einen Trödler. Meine Mutter hatte für diese Art der Romantik überhaupt nichts übrig." Nora gibt hier wohl eher wieder, was sie von ihrer Mutter erzählt bekam, schließlich war sie zu diesem Zeitpunkt erst zwei Jahre alt. Das familiäre Glück hat nicht lange Bestand, 1925 trennt sich Bove auf eine ihn charakterisierende Weise von Suzanne – er macht sich einfach davon, völlig kommentarlos. Parallelen zu seinem Vater tun sich auf.

In den folgenden Jahren wechselt Bove wiederholt seine Wohnung in Paris, er schreibt unermüdlich, oft in den Cafés von Saint-Germain-des-Prés, am Boulevard du Montparnasse, im *Café du Dôme*, im *Café La Rotonde*, im *Le Select* und anderen bekannten Treffpunkten für Künstler und Schriftsteller. Weitere Meisterwerke entstehen, *Armand*, *Bécon-les-Bruyères*, *Ein Abend bei André Blutel*, *Menschen und Masken* – nach dem Erscheinen seines

Erstlings legt er innerhalb von sechs Jahren nicht weniger als elf weitere Werke vor. „Nach 1928 traf man sich weniger oft", lässt Philippe Soupault wissen. „Da tobte er sich am Schreibtisch aus. Oft schrieb er nachts, wenn ihn irgendetwas aufgewühlt hatte. Nahm ihn etwas stark mit, dann musste er diese Erregung in eine neue Form – einen Roman – bringen, aber das passierte jäh, wie eine Erinnerung, auf die er wieder gestoßen war."

Binnen weniger Jahre ist Bove zum Mythos geworden, Soupault, Max Jacob, André Gide gehören zu seinen Bewunderern, um hier nur einige zu nennen, Rainer Maria Rilke wünscht ihn zu sehen bei seinem letzten Aufenthalt in Paris. Ein erstes großes Interview mit Bove wird publiziert. Auf die Frage, ob er seine Figuren nach Vorbildern zeichne, antwortet er: „Überhaupt nicht. Meine Figuren ähneln allen Arten von Leuten, die ich gekannt habe, aber niemandem im Einzelnen. Echtheit ist nicht möglich, wenn man sich begnügt, die Natur zu imitieren. Wenn man seine Figuren nur kopiert, dann erschafft man sie nicht, dann ist da kein Leben."

Viele der Figuren in Boves Werk ähneln einander, und vielleicht ist es auch nur eine Figur, die er in den unterschiedlichsten Ausprägungen abbildet. Zumindest in seinen ersten Romanen, aber auch in den ganz späten Texten trifft man immer wieder auf Schiffbrüchige der Zeit, die aufgrund irgendeines Ereignisses, und mag es noch so banal sein, auf eine Bahn gelangen, von der sie weder willens noch fähig sind abzukommen. Boves Werk hat nichts an Aktualität verloren, er beschreibt die Vereinzelung des Individuums in einer aus den Fugen geratenen Welt. Die Einsamkeit ist sein Thema und der Versuch, ihr zu entrinnen. Das Glück gibt es nicht in seinem Werk, manchmal taucht es zwar in Ansätzen auf, aber kaum ist es da, taucht ein Schatten auf, der es wieder verhüllt. Ist er deshalb ein Pessimist? Seine Kindheit mag zum Fatalismus, der in seinem Werk laut wird, beigetragen haben, doch Humor ist Bove keineswegs abzusprechen. Seinen Kritikern antwortet er mit seiner Definition von Pessimismus: „Ein Pessimist ist ein Individuum, das unter Optimisten lebt."

In den späten 20er-Jahren ist Bove auf dem Höhepunkt seiner Karriere, er hält eine erste öffentliche Lesung, die auch seine einzige bleiben wird, und liest den mit *Wien 1922* datierten Text, der nicht zu seinen großen Würfen zählt. Generell hat er nach seiner Rückkehr aus Österreich viel Kitsch produziert und in Zeitungen veröffentlicht, er brauchte Geld, wie er sich selbst rechtfertigte. Spätestens nach Erscheinen von *Meine Freunde* aber ging er unbeirrbar seinen Weg, und seine unermüdliche Arbeit zahlt sich nun im wahrsten Sinn des Worts aus, er erhält den erstmals vergebenen *Prix Figuière*, der mit 50 000 Franc dotiert ist.

Der Name des Preisträgers macht bereits die Runde – nur der Preisträger weiß noch nichts davon, typisch Bove, er ist nirgends aufzufinden. Von einer Adresse zur anderen eilen die Fotografen, um den glücklichen Preisträger aufzunehmen, aber immer heißt es, Bove sei ausgezogen, keine Ahnung, wohin. Mürbe und unter Druck einigt man sich letztlich darauf, zumindest ein Foto von der Jury zu machen, vielleicht in der Hoffnung, Bove würde zufällig die Zeitung aufschlagen und so von dem Geldsegen erfahren.

Soweit sollte es nicht kommen, aber dennoch ist es dem Zufall geschuldet, dass er gerade an diesem Tag im Verlag der Brüder Émile-Paul vorbeischaut, wo seit Stunden die Telefone klingeln, um etwas über Boves Adresse in Erfahrung zu bringen. So also erfährt er vom Preis, Jahre später wird er sagen: „Tatsächlich hatte ich einmal

Glück. Allerdings hat sich mein Pech auf meine Nachfolger übertragen. Denn nach mir ist der *Prix Figuière* nie mehr vergeben worden ... Ich habe das Huhn, das goldene Eier legt, sterilisiert."

In einem der vielen Interviews anlässlich der Preisverleihung sagt Bove: „Wenn man in die Literatur eingehen möchte, darf man keine literarische Haltung einnehmen. Das gelingt nur durch die Kraft des Lebens. Balzac, Dickens, Dostojewski – schauen Sie, diese Großen sind keine Literaten. Es sind Menschen, die schreiben. Das Leben ist nicht literarisch. Es geht in die Literatur ein, wenn ein Schriftsteller dieses Schlags es darin eingehen lässt, aber ohne dass der Autor etwas Literarisches hätte machen wollen."

Wie es nicht anders sein kann, ruft die Preisvergabe auch reaktionäre Kritiker auf den Plan, Hetzartikel erscheinen. „Wir sind ein wenig verärgert und leicht alarmiert darüber, dass eine aus kultivierten Menschen bestehende Jury einen Preis in Höhe von 50 000 Franc für eine Produktion vergeben hat, die so deutlich gegen unsere Grammatik und unsere Syntax verstößt. (...) Bevor Ausländern die von ihnen beantragte französische Staatsbürgerschaft zuerkannt wird, gehen genaue Nachforschungen über ihre Person voraus. Bevor einem ausländischen Schriftsteller durch eine Aufsehen erregende Auszeichnung seine Naturalisierung zuerkannt wird, wünschte man sich, eine Jury stellte erst einmal klar, ob er auch genug Kenntnis von unserer Sprache hat – wenn nicht schon für das Abitur ausreichend, so doch wenigstens für den Volksschulabschluss."

Wie Bove auf Schmähartikel dieser Art reagiert hat, ist nicht bekannt, jedenfalls war er sicherlich froh über das Geld, Geld zu haben oder nicht, das ist eines der Hauptthemen seines Lebens. Seine Tochter Nora erzählt: „Emmanuel führte ein kleines Rechenbuch, in dem er all seine Überweisungen eintrug. Einmal, da glaubte er, meiner Mutter ihre Unterhaltsrente geschickt zu haben, dabei hatte er diesen Betrag seinem Bruder und seiner Mutter überwiesen." Tatsächlich überwies Bove über viele Jahre hinweg Beträge an Léon und seine Mutter, die beiden forderten es förmlich von ihm ein. Sie bedrängten ihn in zuweilen unverschämten Briefen, schließlich sei er ein berühmter Schriftsteller, ein Glückskind, ein solches immer schon gewesen, er habe sie im Stich gelassen, sei mit seinem Vater zu dieser anderen Frau, der Engländerin, gezogen. Auch Emily Overweg, die Léon nur „die Schlampe" nennt, blieb nicht vom Hass der beiden verschont, sie suchten sie auf, um einzufordern, was ihnen ihrer Ansicht nach zustehe. Auch davon erzählt Bove in *Der Stiefsohn*: „Dieses Leben kann so nicht mehr weitergehen. (...) Man hält mich für reich, dabei besitze ich keinen Heller mehr. Was wollt ihr eigentlich alle von mir? (...) Ich kann keinem mehr helfen. Worum ich euch bitte, ist, mich in Ruhe zu lassen, einfach in Ruhe." Aber Léon und seine Mutter geben keine Ruhe, sie gehen im Übrigen keiner geregelten Arbeit nach und sind nach Emilys Tod ausschließlich von den finanziellen Zuwendungen Boves abhängig. Der publiziert zwar ein Buch um das nächste, aber die Tantiemen reichen nicht aus, um für mehrere Haushalte aufzukommen.

Und noch einmal Nora: „Jedes Mal, wenn ein Buch von ihm erschien, erhielten wir ein Exemplar. Er aß mit meine Mutter Mittag oder traf sich mit uns in der Closerie-des-Lilas (...) Ich erinnere mich an einen Vater, der mir nie böse war. Als man ihm zu verstehen gab, dass die Zeugnisse nicht gut waren, dass sein Sohn undiszipliniert sei, kam er freudig nach Hause und sagte: ‚Typisch meine Kinder, ausgezeichnet. Wisst ihr, alle Klassenersten, die ich gekannt habe, wurden ...' – und dann zählte er eher lausige Berufe auf. Er schien zu glauben, dass der Umstand, ein Faulpelz zu sein, ein Beweis für Intelligenz sei."

Nach der Scheidung von Suzanne im Jahr 1930 heiratet Bove Louise Ottensooser, sie ist ein junges Mädchen aus dem jüdischen Großbürgertum, eine mondäne Welt eröffnet sich ihm nun, in der er sich abermals nicht akzeptiert fühlt, wie ein Eindringling kommt er sich vor. Sein Halbbruder Victor erinnert sich: „Nach seiner zweiten Heirat fand er sich im großen Pariser Milieu wieder. Er steckte da in einer leicht künstlichen Welt, die ihn zwang, sich zu isolieren, um weiterexistieren zu können." Bove selbst beschreibt seine Gefühlslage ein paar Jahre später in einer privaten Aufzeichnung: „Festhalten, dass man, sobald man zu einer bestimmten Welt gehört, sich gegenseitig rühmt. Louise über ihre Freunde: Die Leute sind alle wunderbar."

*

Bove hat noch eine andere Seite, und auch hier gerät er ganz nach seinem Vater: Er ist ein Schürzenjäger. Das bestätigt Victor: „Die Sache ist ganz einfach: Er rannte ständig den Mädchen hinterher. Er schmierte ihnen Honig um den Mund. Im Allgemeinen waren es Freundinnen und Dienstmädchen. Das dauerte übrigens noch an, als ich ihn wiedersah, so um 1930. Er hatte Erfolg bei den Frauen. Louise nahm daran keinen Anstoß. Ich habe sie einmal beide in Begleitung seiner Mätressen gesehen. Das war ein sehr modernes Paar."

Die Frau des Erzählers und Dramatikers Marcel Aymé, Marie-Antoinette, erinnert sich später: „Louise war eine reizende Frau, wenn auch sehr bohèmehaft. Ich entsinne mich, wie sie am Strand die Frauen aus Bordeaux verrückt machte, weil sie als Badeanzug so eine Art Spielhöschen anhatte, aus dem sie ihre Zigaretten herausholte, sowie ein Feuerzeug, das dann an ihren Beinen herunterbaumelte. (...) Sie holte sich ihre Milch in einem Bierglas mit einer solchen Selbstverständlichkeit, ja, das war ihr dermaßen egal, sie hielt das Ding in den Händen, als wäre es ein Silberkrug."

Mitte 1930 brechen Bove und seine Frau nach England auf, sie wohnen zunächst in mondänen Verhältnissen im Londoner Viertel Kensington, beziehen dann ein weiträumiges Haus mit großem Garten in einem Londoner Vorort. Plötzlich aber verschlechtert sich ihre Situation, die Weltwirtschaftskrise trifft sie mit voller Wucht: „Die Worms-Bank ist hochgegangen", schreibt Bove an seinen Bruder, Louise verliert einen Großteil ihres Vermögens durch den Bankrott der Bank. Und ein weiterer Schicksalsschlag folgt – ihr einziges Kind stirbt bei der Entbindung.

Mit dieser schweren Last kehren die beiden 1931 nach Frankreich zurück. Sie leben bis zum Ausbruch des Kriegs vorübergehend in Paris, später in Compiègne, einer Stadt 80 Kilometer nördlich von Paris, an der Einmündung der Aisne in die Oise, in der Region Hauts-de-France, schließlich in Cap Ferret, die Halbinsel liegt im Département Gironde im Südwesten Frankreichs. Nur wenige Dokumente über Boves Leben aus dieser Zeit sind erhalten, aber in Cap Ferret notiert er in sein Tagebuch: „Ich habe oft bemerkt, dass man sich ans Leben gewöhnt und dass man sehr schnell aus dem Auge verliert, was es an Armseligem birgt. Aber merkwürdig – man meint dann, die Leute würden nicht dieselbe Entwicklung durchmachen wie man selbst, sie würden nicht auf die oberflächlichen, plötzlich auftauchenden Veränderungen hereinfallen. Das

Gegenteil ist der Fall. Doch geht es nicht alleine um die Leute. Es geht auch um den Staatskörper, die Justiz, um alles. Man bemerkt dann, dass auf dieser Welt alles oberflächlich ist."

Boves Gesundheitszustand verschlechtert sich, nach einer verschleppten Grippe leidet er ab Mitte 1936 an einer Brustfellentzündung, vollständig davon erholen wird er sich nie. Dennoch liegt ihm sein Bruder mit Bittgesuchen in den Ohren, Louise übernimmt den Briefverkehr. „Das Fieber ist gesunken, aber sein Brustfell ist immer noch voller Wasser. Sobald ich ihn alleine lassen kann, fahre ich nach Paris, um zu versuchen, seinen nächsten Roman in einer Zeitschrift unterzubringen, und so wie ich das Geld dafür in der Tasche habe, schicke ich Ihnen etwas zu. Momentan haben wir selbst nichts." Bove veröffentlicht eine Novelle, im selben Jahr schließt er auch die Arbeit an seinem Roman *Colette Salmand* ab, beinahe 50 Jahre später wird das Manuskript in einem vergessenen Koffer gefunden und 1999 als Buch publiziert.

In den politisch aufgeladenen 30er-Jahren finden Boves Texte kaum noch eine Leserschaft, er schreibt fern jeder Ideologie, trägt zu keinerlei Debatten bei. Sein Gemütszustand verschlechtert sich, „neige zu Melancholie. Sollte mich in acht nehmen", notiert er in sein Tagebuch. Louise ist stets an seiner Seite, daran erinnert sich Marie-Antoinette Aymé: „Sie sagte mir, sie müsse sich um Emmanuel kümmern wie um ein Kind. Er war anziehend, häufig traurig. Ich erinnere mich an eine Autofahrt mit ihm, er wollte nie selber fahren, er war düster, schon krank, er hustete."

Obwohl das Ehepaar 1937 eine Wohnung im 17. Arrondissement mietet, schmiedet Bove Auswanderungspläne, er reist in die Schweiz, um eine geeignete Wohnmöglichkeit zu finden, und kehrt ernüchtert zurück. Eine Novelle mit dem Titel *Elle est morte* (*Sie ist tot*) erscheint, soeben ist Louises Mutter gestorben, wenig später erliegt Boves Mutter Henriette ihrem Krebsleiden.

1938 erfahren die Boves aus den Zeitungen vom ‚Einmarsch' Hitlers in Österreich und der Zerstückelung der Tschechoslowakei. Monate später auch von den ‚Pogromnächten'. Es herrscht eine erdrückende Stimmung vor, als Bove am Heiligabend 1938, durch seine lange Krankheit geschwächt und zudem deprimiert darüber, nunmehr 40 Jahre alt zu sein, ein paar Zeilen für einen neuen Roman verfasst: „Genau in dem Augenblick, da ich in der Mitte meines Lebens angelangt bin, stelle ich fest, dass ich nichts habe, dass ich mich immer geirrt habe, dass ich stets so gehandelt habe wie jemand, der meint, auf dem rechten Weg zu sein, und sich in Wirklichkeit im Irrtum befindet. Alles gerät ins Wanken, und so sieht es in mir aus: Ich habe keinen Freund, kein Vermögen, keinen Beruf."

Die wenigen Jahre, die Bove noch bleiben, sind geprägt von Krankheit und Flucht. Im März 1940 wird Bove in eine Gießerei zur Kriegsproduktion eingezogen, allerdings im Juli schon wieder entlassen. Mittlerweile steht Frankreich unter deutscher Besetzung, das Ehepaar Bove flieht aus Angst vor Nazi-Ausschreitungen aus Paris und lässt sich in der Nähe von Lyon nieder, zwei Jahre werden Emmanuel und Louise dort verbringen.

Von der düsteren Atmosphäre in und rund um Lyon legt Bove literarisches Zeugnis ab, die Metropole an der Rhône gilt bald als Hauptstadt der Résistance und wird zum Fluchtort vieler Künstlerinnen und Künstler aus Paris: „In dieser Menschenmenge, die in die Stadt eingefallen war, bei den Schwierigkeiten eines jeden und all den Leuten, die selbst in Paris, falls sie sich kannten, nichts miteinander zu tun hatten, war kein Raum für mindeste Gefühle von Solidarität. Man gab sich die Hand, war bemüht, auch

beim zehnten Wiedersehen genauso zufrieden auszuse-
hen wie beim ersten Mal, man fühlte mit in der riesigen
Katastrophe, indem man so tat, als glaubte man daran, das
Unglück würde die Menschen eher zusammenschweißen
als sie spalten, doch sobald man aufhörte, von der allgemeinen Misere zu reden, und dazu überging, auf den eigenen kleinen Fall hinzuweisen, befand man sich vor einer
Wand." Bove ist entschlossen, über Nordafrika nach England zu gelangen. Nach wie vor ist er sehr produktiv, er
weigert sich jedoch, die entstandenen Arbeiten zu veröf-
fentlichen, solange die Besatzer im Land sind.

Als die Boves endlich die ersehnten Passierscheine
erhalten, machen sie sich auf eine lange und gefährliche
Reise über Spanien nach Nordafrika, im November 1942
kommen sie in Algier an. In Algerien entstehen Boves letzte
drei Romane, *Die Falle*, *Flucht in der Nacht*, das Buch widmet er Charles de Gaulle, und *Einstellung des Verfahrens*.
Körperlich ohnehin geschwächt, zieht er sich in Algier
mit der Malaria eine tödliche Krankheit zu, sein Wille
weiterzuarbeiten bricht durch die Erkrankung nicht,
aber Kollegen, die ihn in Algier antreffen, zeichnen ein
erschütterndes Bild des Schriftstellers. „Bove führte ein
fast dämmerhaftes Leben. Manchmal, da führte er seine
Hand an sein Gesicht, eigentlich nicht so sehr, um einen
Hustenanfall zu ersticken, sondern um eine durch den
Schmerz hervorgerufene Grimasse zu verdecken. (...) Oft
verschwand er zu einem Krankenhausaufenthalt, aber er
sprach nicht über sein Leiden", erinnert sich der italie-
nische Schriftsteller Enrico Terracini.

Dennoch fährt er jeden Morgen mit einem Trolleybus
an den Stadtrand von Algier, wo er ein Zimmer bezogen
hat, um dort arbeiten zu können. In unmittelbarer Nähe
wohnt der Schriftsteller Emmanuel Roblès, er erinnert
sich, dass Bove das Haus nur am Abend verließ, er ging

„immer die Hände im Rücken verschränkt, war gebeugt, blass wie einer, der im Keller lebt. Man erkannte gut seine Silhouette, die sich von dem Aussehen anderer Leute abhob. Er sprach leise, stets sehr ruhig. Diese Art zu reden, diese zurückhaltenden Gesten waren mir aufgefallen. Das wirkte irgendwie fremd. Er lächelte häufig und hatte gute Augen, einen gütigen Blick."

Am 21. Oktober 1944 notiert Bove in einem Taschenkalender das Wort DÉPART – in Großbuchstaben und unterstreicht es. Louise versetzt ihren Schmuck, um die Reisekosten aufbringen zu können, schließlich geht das Ehepaar in Algier an Bord der *Jeanne d'Arc* und erreicht nach zweitägiger Überfahrt das mittlerweile befreite Frankreich. Sofort bemüht sich Bove, alte Kontakte wiederherzustellen, er will seine Bücher veröffentlicht sehen, was sich als äußerst schwierig erweist. Gallimard lehnt ab, eine herbe Enttäuschung wie schon vor dem Krieg. Endlich, als er die Gewissheit hat, dass seine letzten Werke doch noch in einem anderen Verlag publiziert werden, verschlechtert sich sein Gesundheitszustand rapide. Am 28. März 1945 notiert er in seinem Taschenkalender: „Krank geworden." Kein weiteres Wort. Am 20. April ein letzter Eintrag: „47 Jahre", er unterstreicht ihn dreimal und fügt ein Ausrufezeichen dahinter.

Dann Schweigen, die Scham über seinen Zustand lässt ihn verstummen. Vom Fieber ausgezehrt, nimmt Bove kaum noch etwas zu sich und kann das Bett nicht mehr verlassen. Er wohnt mit Louise in der Avenue de Ternes Nummer 59, wo er in der Nacht vom 12. auf den 13. Juli 1945 stirbt. 24 Stunden später herrscht ausgelassene Stimmung in Paris, man feiert den ersten ‚Tag der Befreiung' der Stadt. „Feiertage sind mir ein Gräuel", notierte Emmanuel Bove einmal in eines seiner Hefte. Und in einem Interview Jahre zuvor: „Ich weiß nicht, was ich dem Leben angetan habe, aber es hat mich oft mit unbarmherzigem Humor traktiert.“

*

Als hätte er es selbst heraufbeschworen in seinem literarischen Werk, hinter dem er als Mensch ganz zurücktritt, auf dass nur ja keiner sich an ihn erinnere, gerät Bove nach seinem Tod rasch in Vergessenheit. Was sich schon Mitte der 30er-Jahre ankündigte: Bove passt nicht in die Zeit, er hat keine Ideologie zu verkünden. Zwar veröffentlicht er während der Besatzungszeit einige Texte in antifaschistischen Zeitschriften, aber das war es dann auch schon. Was selbstredend nicht heißt, dass ihn die politischen Verwerfungen kalt gelassen haben. Seine Sorgen müssen groß gewesen sein, seine Frau stammte aus dem jüdischen Großbürgertum, er selbst galt den kruden ‚Rassegesetzen‘ zufolge als ‚Halbjude‘. Sein Wegbegleiter Soupault erinnert sich: „Angesichts der Invasion in Frankreich war er entsetzlich beunruhigt. Ich habe ihn nie erregter erlebt, als wenn er von Hitler sprach; er nannte ihn ‚diesen Henker‘. Er wandte sich auch heftig gegen die Kollaboration.“ Bove war Gaullist und fest entschlossen, sich den *Forces françaises libres* anzuschließen.

Ein Leben wie ein Schatten, so lautet der Titel der Bove-Biografie von Raymond Cousse und Jean-Luc Bitton, auf die ich mich wiederholt beziehe. Dieses Schattendasein, Boves völliger Rückzug aus der Öffentlichkeit, der an Selbstentäußerung grenzt, das sind gewiss Gründe, die dafür sorgten, dass er aus der Wahrnehmung verschwand und dass sein Name über Jahre hinweg in den Literaturgeschichten kaum noch auftauchte. Dennoch erstaunt es, immerhin hat Bove über dreißig Bücher publiziert, und war mit seinen ersten Romanen ein gefeierter Schriftsteller. Es ist wohl so, wie Raymond Cousse es formuliert: „Damals hatte man andere Sorgen. Im Namen der wiedereroberten Freiheit und der kommenden Revolution hatte man es eilig, sich vor neuen Totems in der Art Sartre-Camus-Aragon zu verbeugen. Von da an konnten sie krepieren, die Bove und Konsorten, die den Anstand über literarische Eitelkeiten stellen und für die der Protest gegen den Betrug damit anfängt, dass sie ihn sich selbst verbieten."

Ein Roman wie *Die Falle*, in dem Bove die faulen Kompromisse des Vichy-Regimes anprangert, hat in der Nachkriegszeit keinen Platz. Auch seine Romane *Flucht in der Nacht* und *Einstellung des Verfahrens* spiegeln die Zerrissenheit Frankreichs während der Okkupation wider, im allgemeinen Siegestaumel wollte davon niemand etwas wissen. Und es werden mehr als 30 Jahre vergehen, ehe Bove wiederentdeckt wird, Samuel Beckett trägt dazu bei, im deutschsprachigen Raum sorgen die Übersetzungen von Peter Handke für eine Renaissance der Werke Boves. Der vergessene Schriftsteller avanciert zum Kultautor, seine Leser, die sich Bovianer nennen, zeigen sich begeistert wie sein Übersetzer, als er *Mes amis* zum ersten Mal liest: „Das war eine absolute Überraschung. Seine Schreibweise war so rein und bescheiden, andererseits aber war sie überhaupt nicht bescheiden. Eine Schreibweise, die es vor ihm nicht gab und auch nicht nach ihm, wie eine Zeichnung mit sehr klaren, zuvor nicht existierenden Linien; er war es, der danach suchte und der diese aufspürte", sagte Handke in einem Gespräch mit Jean-Luc Bitton.

Während ich in einem Tullner Kaffeehaus sitze und eine Katze beobachte, die eine Mauer entlangschleicht, kommen mir plötzlich Sätze aus den Arbeitsnotizen von Emmanuel Bove in den Sinn: „Am Morgen sagt er sich: Ich bin glücklich. Ich habe ein Haus, eine Frau, eine Katze.

Am Abend sagt er sich: Ich habe nichts." Charakteristische Sätze für Bove, schlicht, prägnant und zugleich voll der Poesie, ich lese sie wie ein Gedicht. Und frage mich augenblicklich, was ich hier mache, indem ich Spuren suche, die Bove doch tilgen wollte. Seine Biografie liefert zahlreiche Leerstellen, ob bewusst oder unbewusst gesetzt, und lädt ein zu Spekulationen. Er selbst hält in seinen Notizen fest: „Ich frage mich manchmal, womit ich wohl die Zeit, an die ich mich nicht erinnern kann, verbracht habe."

Mitte der 90er-Jahre las ich die von Peter Handke übersetzten Romane *Meine Freunde*, *Armand* und *Bécon-les-Bruyères*, seitdem lässt mich dieser Autor nicht mehr los. Bove ist eine absolut singuläre Erscheinung in der Literatur, sein Tonfall nimmt mich für ihn ein, sein unglaubliches Gespür für Rhythmik. Mögen seine Sätze auch noch so kurz sein, sie sind von einem Rhythmus getragen, der mich bei jedem Wiederlesen erstaunt. Als hätte er eine eigene Sprache erfunden, in der er seine Figuren zeichnet, Figuren, die er trotz ihrer Unbeholfenheit und auch ihrer Unzulänglichkeiten niemals ins Lächerliche zieht oder verachtet. Bove beschreibt, was er sieht, und führt es minutiös vor Augen – „Er hat wie niemand sonst einen Sinn für das treffende Detail", sagte Beckett einmal.

Es gibt hier nichts zu finden, weil Bove es nicht darauf angelegt hat, dass ich etwas finde, herrsche ich mich innerlich an, und jeder Satz, den ich schreibe, ist einer zu viel. Man sollte Bove lesen, nicht über ihn schreiben. Was er mitteilen wollte, hat er in seinen Büchern getan. Als ich das Kaffeehaus verlasse, fällt mir erneut ein Satz aus Boves Arbeitsnotizen ein: „Jeder besitzt seine eigenen Worte, sich zu demütigen."

Es ist kühl und grau in Tulln, ein Tag im November, nur Regen setzt keiner ein – wie in so vielen Büchern Boves, mit ihren Helden, die Anonyme bleiben. Aber die Farben stimmen, als wären sie der Bove'schen Roman-Welt entnommen, denke ich, und mache mich auf den Weg zum Bahnhof. Durch die Wiener Straße, unübersehbar die Türme der Kirche, mit einem Mal habe ich jenen Mann vor Augen, vorhin im Kaffeehaus, sein müder Blick, seine schweren Gesten, seine fieberhafte Suche nach Sätzen, immer wieder unternahm er einen Anlauf, eine Frau zum Bleiben zu überreden. Avancen machte er ihr nicht, er wollte ihr nur ein wenig von seinem Leben erzählen, wie mir schien. Als sie dennoch ging, starrte er kurz vor sich hin, begab sich dann zu einem Gast an einem anderen Tisch, nahm unaufgefordert Platz – und alles fing von vorne an.

Vorbei an einem Lokal, auf dessen überdachter Terrasse Gelächter anhebt, banale Sätze fallen, aber was heißt das schon, manchmal braucht es nicht mehr, um sich seines Glücks zu vergewissern, die Stimmung ist ausgelassen, Freunde unter sich. Ich bin am Bahnhof angekommen, drehe mich noch einmal um, sehe einige Jugendliche, die untereinander Zigaretten verteilen, ein älteres Paar mit Einkaufstaschen, zwei Männer, die mit einer Dose Bier auf den Feierabend anstoßen. Ich stelle mir vor, wie Bove die Stadt verlässt, sein schlendernder Gang, ich sehe ihn vor mir, er trägt einen Hut, einen Mantel, in seiner Hand einen Koffer mit den in Tulln entstandenen Manuskripten. Dann trete ich durch die Bahnhofshalle und steige in den Zug mit einem Satz aus Emmanuel Boves Roman *Meine Freunde* auf den Lippen:

„Seltsam, wie alles weitergeht, ohne einen selber."

Mir steckt die Gegenwart
im Hals

Ich bin ein Spurenverwischer, ein Hochstapler, ein Schriftsteller kurzum. Lässt sich so die Frage beantworten, die mir neulich ein Bekannter stellte: „Wie würdest du dich positionieren?" Das Wort Position erinnert mich an Pose, an Posse – und vielleicht kommt mir auch deshalb der Hochstapler in den Sinn. Sofort habe ich einen Satz auf der Zunge, der mich seit Jahren begleitet, einen Satz aus Diderots *Rameaus Neffe*: „Ich sehe nur um mich her und setze mich in meine Position, oder ich erlustige mich an den Positionen, die ich andre nehmen sehe." Auch an den Begriff Posten muss ich denken, vor allem in der Kindheit bekam ich das Wort oft zu hören, die oder der haben einen tollen Posten, schade, rasch haben sie den Posten wieder verloren. In meiner Jugend dann: Stell dich auf die Hinterfüße, mach was, du lebst nur so in den Tag hinein, denk an die Zukunft, ein guter Posten ist wichtig, wie willst du sonst dein Leben bestreiten? Das Gegenteil von einen guten Posten zu ergattern hieß, als Hilfsarbeiter zu enden, irgendwo ‚auf dem Bau', in einem Spanplattenwerk, bei einem Zimmerer, oder als Bierfahrer.

Das alles blieb mir erspart, aber was heißt hier erspart? In welchen Häusern würden wir wohnen und mit welchem Mobiliar und so ganz ohne Bier? Ich habe tatsächlich viele Jahre in einem Skiverleih gearbeitet, Skischuhe geschrubbt, sie desinfiziert und auf einen Schuhtrockner gehängt, sie wieder abgenommen und in Regale gestellt, ich weiß nicht mehr, wie viele Schuhe es waren, abertausende bestimmt. Und noch heute habe ich manchmal einen Stinkstiefelgeruch in der Nase, Erinnerung an ein früheres Leben. Ich habe keine Lehre abgeschlossen, die Universität einige Monate lang im wahrsten Wortsinn bloß besucht, war also Gast in einem Leben, das für mich keine Möglichkeit darstellte. Die Literatur jedoch begreife ich immer schon als ein Spiel mit Möglichkeiten, ein Spiel mit Masken, sie lehrte mich Alternativen, lehrte mich Aufbrüche, Ankünfte. Sie wurde mir Fluchthelferin, selbst wenn ich die Gefahr noch nicht erahnte, sie trieb mich an und ließ mich ins Leere laufen, düpierte meine Denkgewohnheiten, feite mich vor voreiligen Schubladisierungen; immer wieder war sie mir Fallenstellerin, auf sicheren Wegen wähnte ich mich, als sich plötzlich mit wenigen Worten ein Abgrund auftat. Ich lebte in den Tag hinein und dachte nicht an die Zukunft, mir steckte die Gegenwart im Hals, ich wollte sie erbrechen, ich setzte alles auf eine Karte, ich wollte, was ich tat: schreiben.

Das hat nun so gar nichts mit Berufung zu tun, sondern verdankt sich dem Umstand, dass ich mich in die Gegenwart immer erst hineinbuchstabieren muss, um sie mir greifbar zu machen, hineinzweifeln muss ich mich, nach jedem Aufwachen, Wort für Wort setzt sich ein Hier und Jetzt zusammen. Das mag hochtrabend klingen, pathetisch gar, ist aber bloß meinem Wunsch nach Neuanfängen geschuldet, literarischen Wahlverwandten gewiss auch, nicht zuletzt meiner Kindheit.

*

Vor mir ein Berg, hinter mir einer, links ein Berg, rechts ein anderer, dieses Bild stellt sich mir ein, wenn ich an meine Kindheit denke. Aufgewachsen im Tiroler Unterland, im Brixental, im Schatten des Hahnenkamms wurde mir dieses Bild zur Sprungfeder für Träume, Fantasien, nicht zuletzt für meine Neugier. Es muss noch etwas anderes geben als diese Berge, dachte ich, etwas anderes als Wachsgeruch in der Nase, etwas anderes als rote Tore, blaue, und jeden Tag Skiclubtraining und jedes Wochenende ein Skirennen, fünf vier drei zwo eins ab, fünf vier drei zwo eins ab, und runter den Hang, Zweiter ist Letzter, Zweiter ist Letzter, das war die Parole, mit der uns der Trainer in den Ohren lag.

Ja, es muss etwas anderes geben als die Sorge um ausgelastete Hotelbetten, als Nachbarn, die saisonlang mit ihren Kindern in die Keller ziehen, um ihre Schlaf- und Kinderzimmer an Gäste zu vermieten. Etwas anderes als postsaisonalen Baulärm und die herbstliche Zurüstung auf die nächste Wintersaison, schlicht etwas anderes als das Wort Saison, das wie ein *Sesamöffnedich* verwendet wird.

Etwas anderes als argwöhnische Blicke, die all jene trafen, die sich dem Ganzen entzogen, und die gab es freilich auch, solche, die sich abseits einer Melange aus Blasmusik und Hardrockklängen für andere musikalische Formen interessierten, für Bücher gar, oder sogenannte *Zuagroaste*. Letztere fielen auf, das hat sich bis heute nicht geändert. War ich einer von ihnen? Gewissermaßen ja. Der Herkunft meines Vaters geschuldet sprach ich zuhause Hochdeutsch, kaum hatte ich die elterliche Wohnung jedoch verlassen, redete ich im Dialekt, früh lernte ich, die Sprachebenen zu wechseln, eine Fähigkeit, wenn es denn eine ist, die ich noch heute beherrsche. Mein Vater zog Beethoven Mozart vor, meine Mutter konnte da nur protestieren, und beide lasen Tolstoi, Dostojewski, aber auch Dante Alighieri, erinnere ich mich, und sofort fällt mir ein, wie alleine die Namen der Schriftsteller meine Fantasie anregten.

Mein Lieblingsbuch im elterlichen Bücherregal war *Meyers Universallexikon*, in dem ich mich stundenlang vertiefen konnte – und dadurch so manches Skiclubtraining versäumte. Als Grund für mein Fehlen wagte ich allerdings nicht, das Lexikon zu nennen, ich erfand Geschichten, die zumindest für mich plausibel klangen, ich schwadronierte, ich war ein anderer. Ich verwandelte mich und spürte, dass Worte dies ermöglichten. Ob der Trainer mir die Geschichten abnahm, weiß ich nicht, sehr wohl aber, dass er mich ohnehin nicht als künftigen Skiweltmeister einstufte, was ihn mir plötzlich sehr sympathisch macht.

In der Tat ein sympathischer Mann, denke ich heute, ein Trainer, der seine Position sehr ernst nahm und damit auch wusste, worauf es ankommt im Leben – auf Anerkennung. Und so nahm er jeden aus der Trainingsgruppe, auch den Schlechtesten, zumindest zweimal im Winter mit zu einem Bezirkscuprennen, um ihm zu danken für seinen Einsatz im Training. Vielleicht hätte er sogar am wahren Grund für meine Abwesenheit Gefallen gefunden, ja, ich hätte ihm erzählen sollen, was mich umtrieb: Worte, in deren Klang ich rote Tore und blaue Tore hinter mir ließ, ich war sozusagen über alle Berge, wenn ich das Lexikon aufschlug und Begriffe aneinanderreihte zu einer Zauberformel, die ich laut vor mich hin sprach: Madagaskar, Maracuja, Mare internum.

All das kommt mir jedes Mal in den Sinn, wenn ich in einen Zug einsteige, um ins Dorf meiner Kindheit zu fahren. Vieles hat sich dort verändert, die Hotels sind größer, die Sorgen um die Auslastung wohl auch, die alten Torstangen aus Bambus sind Kippstangen gewichen, unverändert die Parolen und das blanke Entsetzen, wenn die Touristen ausbleiben – einerlei, Madagaskar, Maracuja, Mare internum, Hahnenkamm ich komme, rufe ich mir dann zu.

*

Von Anfang an waren es auch Figuren aus diversen Romanen, die mich auf Reisen schickten, und so kam ich im Windschatten d'Artagnans schon in meiner Kindheit in Paris an. Mit ihm, Athos, Porthos und Aramis zog ich durch eine Stadt, die mir über viele Jahre hinweg ein Sehnsuchts-ort sein sollte. Später kamen andere Figuren hinzu, von Balzac, Flaubert, Proust, von der Duras, von Roth selbst-verständlich, nicht zuletzt die Ich-Erzähler von Patrick Modiano. Daran musste ich denken, als ich mir im Früh-jahr 2019 mit dem bildenden Künstler Herbert Hinteregg-ger ein Atelier unweit der Notre-Dame teilte. Denn Hin-teregger, mit dem ich seit Kindheitstagen befreundet bin, hatte mich kurz vor meinem ersten Aufenthalt in Paris vor 30 Jahren auf Modiano gebracht, dem in einer kleinen Buchhandlung in der Nähe des Ateliers ein ganzes Schau-fenster gewidmet war, Bücher, Plakate, ein Fotoband mit dem Titel *PARIS DANS LES PAS DE PATRICK MODIANO*.

Das Atelier war recht groß, aber in einem erbärmli-chen Zustand, ein schmales Bett, eher eine Pritsche, eine winzige Küche mit Wasserkocher und einer Herdplatte, immerhin ein Kühlschrank, in dem Weißwein eingelagert werden konnte, und ein Bad, bei dem man – da half alles Duschen unter dünnem Strahl nichts – nie das Gefühl hatte, man würde es sauber verlassen. Aber egal, ich war in Paris und konnte am Roman *Niemandskinder* weiter-schreiben, was nichts anderes heißt, als dass ich ihn neu geschrieben habe.

Das Paris, von dem ich in meiner Jugend träumte, hatte schon 1989 längst nichts mehr mit meinen Schwärmereien zu tun, wenngleich ich es damals noch nicht sehen wollte, die Stadt hatte mich im Sturm genommen, und schon gar nichts mit dem von 2019, so viel Armut auf der Straße war mir noch nie zuvor begegnet. Zelte auf öffentlichen Plät-zen und Gehsteigen, in Schlafsäcken kauernde Menschen vor Kirchenportalen, in Lumpen gehüllte Gestalten, die vor Bäckereien und Lebensmittelgeschäften um Brot bet-telten; meine Bekanntschaft mit einem der Gestrandeten, Victor sein Name, beinahe zwei Wochen lang traf ich ihn in der Rue de l'Hôtel de Ville im 4. Arrondissement, dort hatte er auf dem Trottoir sein grünes Zelt aufgeschlagen, über dessen Dach im vergitterten Fenster eines Hauses ein Schild mit der Aufschrift PARIS DREAM HOME À LOUER. Wir rauchten täglich ein paar Zigaretten miteinander, tranken Kaffee aus Plastikbechern, den ich in einem Laden um die Ecke besorgte, untermalt wurden unsere Stelldicheins von 90er-Jahre-Pop aus seinem kleinen Radio, das er wie einen Schatz hütete, bei jeder Verabschiedung drückte er meine Stirn an die seine und sagte: „Courage!" Von einer Nacht auf die andere war das Zelt verschwunden und mit ihm Victor.

Auch war es die Zeit der Gelbwestenbewegung, jeden Samstag konnte ich ein Großaufgebot von Polizei sehen und schon früh am Morgen hören. Einmal geriet ich zufällig hinein in einen der Aufmärsche, ich wollte mich auf den Weg machen zum Cimetière du Montparnasse, um mich zu vergewissern, ob auf dem Grabstein von Carlos Fuentes immer noch das Sterbedatum fehlt, obwohl der Mexikaner doch schon 2012 gestorben ist, war also in Gedanken, wurde aus diesen aber plötzlich gerissen – vor mir drei Hünen in martialischen Uniformen: Rasch suchte ich das Weite und stolperte einer Gelbweste in die Arme, die mich unverwandt anstarrte.

Heute bin ich mir sicher, dass Orte, an denen Texte entstehen, in diese einfließen, so wie das Dorf meiner Kindheit in meine frühen Gedichte eingeflossen ist und immer noch in sie einfließt, das Dorf meiner Kindheit, ich werde es nicht los, was mir Fluch wie Segen gleichermaßen ist.

*

Meine letzte Begegnung mit ihr liegt einige Jahre zurück, müde vom Schulterklopfen und Händeschütteln, von belanglosen Gesprächen und vermeintlich wichtigen Begegnungen, trat ich aus einer der Messehallen in Frankfurt auf die Terrasse hinaus, um eine Zigarette zu rauchen. Es war ein grauer Tag, ich zog mir die Kapuze des Parkas über den Kopf, die Wolken hingen tief, und einmal mehr fragte ich mich, was ich auf einer Buchmesse zu suchen hatte. Menschen mit Mobiltelefonen huschten an mir vorbei, mit Notebooks, Bücherstapeln und Verlagskatalogen, jede und jeder augenscheinlich in einer unabdingbaren Mission unterwegs, ernste Mienen, zielstrebige Blicke, kurzum, ich kam mir verloren vor, mehr noch, völlig fehl am Platz. Meine Lesung kam mir in den Sinn, die Moderatorin und ihre Fragen, die alles meinen konnten, nur nicht mein Buch, ich überlegte mir ernsthaft, abzureisen, da sah ich sie plötzlich, überlebensgroß tauchte sie hinter einer überdachten Lesebühne auf, in ungelenken Bewegungen steuerte sie die Mitte des Platzes an, drehte sich dort langsam im Kreis und winkte mir zu. Sofort hatte ich die Titelmelodie im Ohr, dachte an Lachgeschichten, Sachgeschichten, sah mich im elterlichen Wohnzimmer auf der Couch sitzen, vor einem Schwarzweißfernseher, der damals Farbe in mein Leben brachte. Farbe und Trost, wobei ich nicht mehr weiß, wovon ich in der Kindheit getröstet werden wollte, es vielleicht nicht mehr wissen will, weil das nur Fragen aufwürfe, auf die es zweifelhafte Antworten geben würde, aber tröstlich war es allemal, die Maus auf dem Messegelände zu erblicken, meine Stimmung änderte sich umgehend.

Und just in dem Moment, als die Maus auftauchte, gesellte sich ein alter Freund und Weggefährte neben mich auf die Terrasse, ich las in seinem Gesicht, dass er ähnlich empfand wie ich, ihm steckte die Gegenwart im Hals, als wollte er sich im nächsten Moment hinausbrüllen, was reine Interpretation ist, aber er winkte entschieden zurück. Du musst wach bleiben, sprach ich mir innerlich zu, wach und unerschrocken, die eingeschlagene Richtung, so sehr sie nur eine Möglichkeit war, sie ist beizubehalten, und wenn dir das erneut einen Umweg über die Vergangenheit abnötigt.

Blicke ich zurück, waren die frühen 70er-Jahre weder bunt noch schwarzweiß, sie waren schlicht grau. Zumindest empfinde ich das heute so und schaue ich mir Fotografien aus jener Zeit an, bestätigen die Bilder meinen Eindruck. Grau war auch der dominierende Farbton in Filmen, graue Mäntel, graue Hüte, graue Kostüme, graue Nachrichtensprecher, die ich nicht voneinander unterscheiden konnte, für mich sahen sie alle gleich aus. Meine Großmutter, ich erinnere mich genau, wusste sich zu helfen, sie spannte eine Farbfolie vor ihr Fernsehgerät, der Effekt war faszinierend wie irritierend zugleich, ein Farbenbrei, in dem jede Handlung absoff. Schön anzusehen war das nicht, und ich frage mich, in wie vielen Haushalten es wohl solche Farbfolien gab – in dem meiner Eltern nicht. Freilich dienten die Folien nur als Übergangslösung, auf so manches wurde verzichtet, um sich irgendwann einen Farbfernseher leisten zu können, am besten einen mit Fernbedienung, was sich mir nicht ganz erschließt, gab es doch nur zwei Kanäle, damit zappt es sich nicht lange.

Dieser Grau-in-Grau-Tristesse entfloh ich nur allzu gerne, eine Möglichkeit dazu bot *Die Sendung mit der Maus*. Jede Folge sehnte ich herbei, lehrte sie mich doch, über den Tellerrand zu schauen und Neuland zu entdecken, ein Blick zur Seite genügte, schon war die Wirklichkeit eine andere. Das war mir in der Kindheit gewiss nicht bewusst, aber als ich in Frankfurt die mir zuwinkende Maus sah, empfand ich das als eine Art Befreiungsschlag, den ich vielleicht auch als Kind empfunden haben muss.

Bester Laune verließ ich die Terrasse, schlenderte durch die Hallen, von Stand zu Stand, die Maus vor Augen, die Titelmelodie in Ohren, immer wieder zur Seite blickend, Neuland entdeckend.

Die Spuren, die ich verwischt und wieder freigelegt habe, sie führen zu Orten und Menschen, weil Literatur für mich ein Spiel mit Möglichkeiten ist. Vergangenheit sei in Gegenwart gelebte Zeit, las ich einmal, und ich buchstabiere mich wieder hinein in eine Gegenwart, zweifle mich hinein, während ich am Schreibtisch sitze, eine Fotografie vor mir. Auf ihr zu sehen eine Nachbildung der Maus aus Kindheitstagen, in einem Beet am Straßenrand, wer hat sie dort platziert und in welcher Intention? Einerlei, die Maus winkt mir zu, und ich kehre über Frankfurt noch einmal ins Grau meiner Kindheit zurück, ins elterliche Wohnzimmer, es wirkt mit einem Mal viel größer und heller. Der Schwarzweißfernseher hat ausgedient, ein neuer Apparat mit Fernbedienung liefert farbige Bilder, die Maus greift zu einem Bleistift, spitzt ihn zwischen den Zähnen, ich ahne es bereits, nun heißt es wieder, eine Woche zu warten. Ich schließe kurz die Augen, öffne sie erneut, lese das Wort Maus, das M zerfällt und rieselt herab, nur noch drei Buchstaben jetzt vor mir, aber ich weiß, auch das ist ein Neuanfang – aus.

„Ich bin ein Existenz-Schriftsteller"

„Muss mich aufmachen. Wüsste ich nur wohin. Einerlei wohin. Ich bin ein Vagant." Diese Sätze kommen mir in den Sinn, mein Weg führt durch den Jardin du Luxembourg, dutzende Male bin ich diese Strecke schon gegangen, von der Republik Tournon des Joseph Roth unterwegs zu Paul Nizon. Durch abseitige Alleen, vorbei an einem künstlich angelegten Teich und an Tennisplätzen, ein Kinderkarussell sehe ich, halte kurz inne vor einem Boulodrome. „Ich füttere meine Augen mit immer demselben Augenfutter, aber von Kennen kann keine Rede sein, es ist allerhöchstens ein ganz oberflächliches Wiedererkennen." Sätze stieben mir durch den Kopf, Sätze von Paul Nizon, angelesene Sätze, in Gesprächen aufgelesene. Erst kürzlich sagte er: „Ich bin ein Fassadenfresser." Er rase durch die Straßen, hingerissen von Architektur und Ästhetik der Häuser, auch von jenen in der Rue de Tournon?

Dort war ich vor wenigen Minuten noch, im *Café Tournon*, dem Wohnzimmer Joseph Roths, hier hielt er bekanntlich Hof, in seiner Republik Tournon.

Hof halten ist Nizons Sache nicht, auch war er nie ein Kaffeehausmensch, geschweige denn einer, der im Kaffeehaus schrieb. Insbesondere tauge er nicht zum Stammgast, zwar habe er die berühmten Pariser Künstlercafés ab und zu besucht, das *Café de Flore* beispielsweise, aber wirklich wohlgefühlt habe er sich dort nie. Eher habe es ihn immer in Bars getrieben, „mein Platz unter der Sonne ist im Nachtlokal", hat er im *Canto* formuliert. Eine Parallele zu Roth?

Gibt es weitere?

„Wer noch nicht hier war, ist nur ein halber Mensch", schrieb Joseph Roth 1925 bei seinem ersten Paris-Besuch. Acht Jahre später sollte er die Stadt als Exilant betreten.

Nizon hat seinen Auszug nach Paris oft als Exodus bezeichnet, ein starkes Wort, das nach Übertreibung schmeckt, wie er freimütig bekennt. Und freilich war seine Übersiedlung keinerlei politischen Zwängen geschuldet. Aber die Entscheidung für Paris war Ausdruck existenzieller Notwendigkeit, war Schutzschild zugleich, kein selbstzufriedener Platzhirsch wollte er sein. Paris war eine Lebensentscheidung und eine für das Schreiben. „All diese Stimmen, die hier in der Luft sind. Die ganze Geisterwelt, sie ist präsent im Kopf eines Menschen, der sich hier niederlässt und hier etwas verbringen will. Dieser Stadt muss man ja etwas beweisen. Sonst geht man jämmerlich unter. Ich wollte neu anfangen mit dem Schreiben – und man will es natürlich den Großen gleichtun. Man möchte das denkbar Größte aus sich herausholen." Und so ging er daran, die Künstlerstadt Paris samt ihrer Klischees in seiner Sprache neu abzubilden, sie hereinzuholen in seine Bücher. „In diesem Zusammenhang wollte ich auch diesen Auswanderer und Emigranten abbilden, diese Emigrantenexistenz." Er schrieb sich einer bestimmten Familie von Künstlern und Schriftstellern ein, in die Familie der Emigranten.

Seit mehr als vier Jahrzehnten lebt er nun in Paris, als „deutschschreibender Pariser Autor mit Schweizer Pass." Geboren in Bern, die Mutter Schweizerin, der Vater russischer Immigrant, promoviert Nizon nach Schulbesuch und Studium über Vincent van Gogh. Er arbeitet zunächst als Kunstkritiker, wird bald leitender Redakteur bei der *Neuen Zürcher Zeitung* – und gibt diesen Posten 1961 nach wenigen Monaten wieder auf, um Schriftsteller zu werden.

Die Anfangsjahre an der Seine hart, „ich war namenlos. Eine Null, und sehr allein." Er denke oft an ihn, ließ Dürrenmatt in einem Brief wissen. „Ich sehe dich finster und verschlossen in Paris herumlaufen. Du gehst künstlerisch, um das verfängliche Wort zu wählen, auf einem ebenso schweren wie gefährlichen Pfad – nichts gegen ihn, nichts gegen Deine Wahl – wenn wir das Nicht-anders-Können überhaupt eine Wahl nennen dürfen (…). Der Tribut, den Du entrichten musst, ist verdammt teuer, mag das Resultat auch noch so kostbar sein."

Der Preis ist in der Tat hoch, Nizon bezahlt ihn mit Zeit, mit geschriebenem Leben. Dabei wird sein Widerstandsbewusstsein auf harte Proben gestellt, aber er weiß: „Das Leben ist zu gewinnen oder zu verlieren." Das kann man einen markigen Leitspruch nennen, das Leben ist vornehmlich zu leben mit all seinen Widersprüchen, Zumutungen, privaten wie beruflichen Pleiten, dessen ist sich Nizon bewusst, rücksichtslos, auch sich selbst gegenüber.

Nizon hatte immer Befürworter, Gegner ebenfalls, sein Werk polarisiert. Seine Bücher handeln vom Ringen ums Glück, von Verzweiflung, von Leidenschaft und Sehnsucht, von Lust, Erotik, von Einsamkeit auch. In seinem Werk gleicht kein Buch dem anderen, weder im formalen Aufbau noch in der sprachlichen Durchleuchtung des Stoffs. Moralische Instanz wollte Nizon nie sein, in den politisch aufgeladenen 60er-Jahren stößt man sich an seinem Ästhetizismus und elitären Gebaren, an seinen Bordellbesuchen, die in den Büchern Niederschlag finden, Egozentrismus und Nabelschau wirft man ihm vor.

Und tatsächlich, ob in *Canto*, *Das Jahr der Liebe* oder in *Das Fell der Forelle*, stets wird das eigene Ich zum Sprungbrett, um sich auf den literarischen Weg zu machen. In *Hund. Beichte am Mittag* heißt es: „Ich bin nicht fürs Denken, ich bin fürs Laufen gemacht." In der meisterhaften

Caprichos-Sammlung *Im Bauch des Wals*: „Ich zünde kleine Blitze, die mir als flüchtige Erhellung dienen – zum Weitergehen." Ein Marschierer sei er, das schlägt auch in seinem umfangreichen Journal-Werk durch. Wenig verwunderlich dito, dass der Titel seiner Frankfurter Poetikvorlesung *Am Schreiben gehen* lautet.

Ein Destillat aus Essenz und Essenzen habe ein Buch zu sein, Lebens-Essenz, Lust- und Leid-Essenz, aber auch Erinnerungs- und Vorstellungs-Essenz. Zudem eine Neuschöpfung, eine Einmaligkeit. Diese Jagd nach Neuem ist der Motor seines Schreibens. Etwas in den Griff kriegen, nennt Nizon das, und ein klein wenig Zufriedenheit stellt sich erst ein, wenn er Formulierungen gefunden hat, und er weiß, das Entdeckte auf diese Art noch nie in Worte gegossen zu haben.

„Ich bin ein Existenz-Schriftsteller. Am Ende vielleicht sogar ein Existenzialist", warf mir Nizon bei einem unserer Treffen über den Tisch hinweg zu. Seine Idee sei es immer gewesen, das Leben zu schreiben. Lebensermutigendes, Lebenseröffnendes ist dabei entstanden, kein Zweifel. Manchmal wird er von begeisterten Leserinnen und Lesern seines Werks auf der Straße angesprochen, auch zu Verwechslungen sei es gekommen – ob ich schon vom Regisseur Jean-Pierre Mocky gehört habe, fragte er einmal. Wir schauten uns dessen Fotos an und amüsierten uns prächtig.

Ja, er hat sein Publikum, von Popularität jedoch keine Spur, selbst in Frankreich nicht, wo er von *Le Monde* als größter Magier der deutschen Sprache bezeichnet wurde. Ein Randgänger auch hier. Es sich bloß nicht zu leicht machen, seine Parole, Widerstand leisten, heißt Verlockungen zu widerstehen – und mit Erwartungshaltungen zu brechen, wohl einer der Hauptgründe, warum er die Schweiz verließ. Mit der französischen Staatsbürgerschaft liebäugelt er eine Weile, einen Pariser Pass hätte er längst angenommen. Als Franzose fühle er sich bei weitem nicht, selbst nach den vielen Jahrzehnten in Paris, einer Stadt, deren Kultur immer „Fremdlinge" geprägt habe. Auch in der Rue Campagne-Première, in der Nizon nun wohnt, Rilke, Picabia, Man Ray und Majakowski, Aragon und Benjamin marschierten einst durch diese Straße, die den Boulevard du Montparnasse mit dem Boulevard Raspail verbindet.

Eine Parterrewohnung, nicht groß, ein Küchenentree, zwei Zimmer. „Mein Halt ist die Verneinung", dieser Satz aus dem *Canto* fiel mir ein, als ich das erste Mal seine Wohnung in der Rue Campagne-Première betrat, die nicht im Entferntesten eine bürgerliche Lebensform widerspiegelt. Nunmehr arbeitet er auch hier, die Zeit der Schreibateliers passé, kein klagender Ton, wenn er darüber spricht. Früher hatte er mehr als zwanzig Arbeitsadressen, von Charenton im Süden bis ins westlich gelegene Neuilly. *Das Jahr der Liebe* schrieb er unterhalb der Étoile, in einer Seitenstraße der Avenue de Wagram, erste Entwürfe zu *Im Bauch des Wals* im Quartier Latin, nahe jener Wohnung, aus der Robert Desnos 1944 von der Gestapo verschleppt wurde, in der Rue Mazarine. Fertiggestellt hat er die Sammlung von Caprichos in einem Atelier, wenige Schritte entfernt vom Friedhof Père Lachaise. Sein bislang letzter Roman *Das Fell der Forelle* entstand auf der Butte Montmartre. In diesem Buch kehrt er noch einmal zurück in seine erste Pariser Bleibe, in die „Tantenwohnung", ein Zimmer. Einmal habe ich sie aufgesucht, die Rue Simart, von dort zu Fuß in die Rue Labat, wohin Nizon nach seiner Heirat übersiedelt war. Hier lebte er bald Tür an Tür mit illegalen Einwanderern aus Afrika, bis zu achtzehn Menschen mussten in einem Loch hausen, der Zustand sei katastrophal gewesen. „Lange genug sind sie gegängelt, geprügelt, ausgepresst worden. Unser Wohlstand beruhte und beruht auf ihrem Hunger", schreibt er in einem Essay aus dem Jahr 1984. „Sie waren immer schon ein Faktor, wenn nicht überhaupt das Fundament unseres Überflusses, wenn auch nicht sichtbar. Aber nun sind sie sichtbar da und zwar mitten unter uns (...). Vor langem schon hatte ich manchmal das bedrückende Empfinden, wir hier in Europa lebten nur noch einen Traum oder Wahn – ähnlich den mittelalterlichen Menschen, die glaubten, die Sonne kreise um den Mittelpunkt der Erde –, wenn wir uns unterm Zenit wähnen, während wir doch längst im Halbschatten leben und der Morgen über ganz anderen Breiten und Völkern gleißt."

Mehr als drei Jahrzehnte sind seit diesen Zeilen vergangen, die Situation hat sich verschärft. Nizon habe sich stets selbst als Mittelpunkt begriffen, sagte mir neulich einer, die einzige Person, für die sich Nizon interessiere, sei er selbst. Ist das so? Klar, die Literatur ist für ihn der Schlüssel zum Leben, keinen anderen gibt es. Aber er ist auch stark vom Zeit- und Tagesgeschehen durchrüttelt, von der Politik, vom Flüchtlingselend bis hin zu den Mordanschlägen von Paris im Jänner und November 2015. Als passionierter Zeitungsleser sei er immer fürchterlich hin- und hergerissen durch das Weltgeschehen, und dies alles zu Ende zu denken, hieße nicht nur, nicht mehr schreiben, nein, nicht mehr leben zu können. „Dass wir uns der gemeinsamen Misere nicht entziehen können", wie es Camus anlässlich der Verleihung des Nobelpreises für Literatur 1957 formulierte, findet bei Nizon absolute Zustimmung.

„Was den Schriftsteller unterscheidet von den politischen Fachleuten, ist die Tatsache, dass er ein außenstehender Beobachter ist, einer, der sich mit Betroffenen solidarisch erklären kann, der nicht zum Geschäft gehört und keine Geschäfte macht mithilfe von Politik", bekundet

Nizon in einem Gespräch mit Dieter Bachmann, das unter dem Titel *Ein Schreibtisch in Montparnasse* 2011 erschien.

„Muss mich aufmachen. Wüsste ich nur wohin. Einerlei wohin. Ich bin ein Vagant." Wo ich mich tagsüber herumgetrieben habe, fragte er mich einmal, in der Republik Tournon, antwortete ich. „Joseph Roth hat diesen Erzählton, der den Leser gleich in die Familie der Menschen hereinholt", schrieb er mir Tage später in einem Brief. Diesen Erzählton hat auch Paul Nizon. Er hat ein Werk geschaffen, das uns alle überdauern wird. In dieser Gewissheit lese ich seine Bücher, marschiere ich durch seine Stadt „in so einer herrlich wegschwimmenden Pariser Straße, die alles enthält".

Alle Texte sind im Zeitraum von 2008 bis 2024 entstanden und wurden an anderer Stelle bereits veröffentlicht, sie wurden überarbeitet und erscheinen erstmals in Buchform.

Inhalt

Christoph W. Bauer
Niemandskinder
Roman
184 Seiten, gebunden mit Schutzumschlag
ISBN 978-3-7099-7255-7

**Ein rätselhaftes Verschwinden und eine vergangene Liebe –
Spurensuche in den Häuserschluchten von Paris.**
Das Jahr 2015 ist wenige Tage alt, als Paris von einem Terroranschlag
erschüttert wird, der die Seele der Stadt über Nacht verändert.
Mittendrin ein junger Historiker, auf der Suche nach einer vergangenen Liebe. Es ist über zehn Jahre her, dass Samira und er
getrennte Wege gegangen sind. Wohin er auch kommt, erfassen ihn
Erinnerungen an die gemeinsame Zeit. Dabei ist es vordergründig
eine andere Frau, der er auf der Spur ist – Marianne, Kind einer
österreichischen Mutter und eines marokkanischen Vaters, aus
demselben kleinen Ort in den Alpen wie er stammend, jedoch
seit bald vier Jahrzehnten vermisst. Eine Zeitungsmeldung mit
ihrem Bild hat ihn elektrisiert: Ihr Gesicht ähnelt dem Samiras
frappierend ...

Das gegenwärtige Frankreich in atmosphärisch dichten Bildern
Es sind Niemandskinder ganz unterschiedlicher Art, denen
Christoph W. Bauer in seinem Roman nachspürt – verdrängt aus
der Ordnung der Welt, gebunden an eine fremde Vergangenheit,
vergessen für eine lebenswerte Zukunft. Ein Reigen von Ab-
wesenden, während im Hintergrund sich eine weitere Hauptfigur
erhebt: ein Paris zwischen dem Glanz seines Zentrums und der
Düsternis seiner Peripherie, gezeichnet von der Bedrohung
des Terrors im Alltag.

*„Man kann ‚Niemandskinder‘ als rasante Gesellschaftskritik, als
Porträt eines Paris am Abgrund lesen. Es geht jedoch um mehr in
diesem fulminanten Roman, in dem kein Wort zu viel steht und dessen
schlaglichtartigen Bilder einem lange nachgehen.“*
Frankfurter Allgemeine Zeitung, Mirko Bonné

www.haymonverlag.at

Christoph W. Bauer
an den hunden erkennst du die zeiten
gedichte
104 Seiten, gebunden
ISBN 978-3-7099-8160-3

„uns nannten sie auch mal zukunft"

Das Leben wütet in uns. Pausenlos und atemlos macht der Lauf der Dinge, was er eben macht: Er läuft. Und wir? Eilen, schnauben, jagen hinterher. Dichten uns Geschichten an. Aber hat die Zukunft überhaupt ein Wort über uns zu verlieren? Wo die Zeitachse rechts immer kürzer wird, stürzt sich die Vergangenheit auf uns mit Gebell. Erinnerungsströme ergießen sich, und was wir im Laufe des Daseins sammeln, drückt uns irgendwann im Schuh. Da bleibt doch nur entwurzeln! Leinen los und hinaus! An Flüsse, auf offene See: Dort hat man nichts verloren und ist doch viel zu finden. Überhaupt: Was sich da im Wasser spiegelt und was uns selbst zu schäumenden Wellen werden lässt! Gehen, gehen, gehen, um aus sich herausgeworfen zu werden. Aber du ahnst es: Wohin auch immer du dich verabschiedest in vermeintlicher Freude, du läufst in Spurrinnen.

„Das Erkennen der Zeiten – der kritisch-diagnostische Blick und die historische Tiefenschärfe – zieht sich wie ein roter Faden durch diesen Gedichtband, der oft auch sprachliche Formeln aufs Korn nimmt ... Beeindruckend ist die formale Vielfalt der Gedichte von Christoph W. Bauer ..."
Ö1 „Ex libris", Cornelius Hell

www.haymonverlag.at

Christoph W. Bauer
Im Alphabet der Häuser
Roman einer Stadt
262 Seiten, Taschenbuch
ISBN 978-3-85218-920-8

Christoph W. Bauer erzählt die Geschichte von Innsbruck, der Stadt seiner Wahl, und zeigt, welcher Genuss es sein kann, sich in der Historie zu verlieren:
Häuser sind nicht nur die steinernen Zeugen einer Zeit, sie sind auch diese Zeit selbst, berichten von Schicksalen und Persönlichkeiten, von großen Ereignissen der Weltgeschichte und den kleinen eines unscheinbaren Lebens, nicht zuletzt erzählen sie von der Endlichkeit ihrer Bewohner. Häuser sind Bücher, in denen das Ferne nahe rückt, in ihnen zu blättern heißt, sich selbst zu begegnen.

„… *ein atemberaubender Roman eines Zugereisten über eine überraschend aufregende Stadt.*"
Kulturpanorama

„*Allen Innsbruck-Reisenden und Einheimischen sowie jenen, die entweder das eine oder das andere noch werden wollen, sehr zu empfehlen.*"
literaturhaus.at, Gerald Lind

www.haymonverlag.at

Kultur

Die Drucklegung erfolgte mit freundlicher Unterstützung der Kulturabteilung des Landes Tirol und durch die Abteilung Kunst und Kultur der Kärntner Landesregierung.

FSC
www.fsc.org
MIX
Papier | Fördert
gute Waldnutzung
FSC® C014496

Dieses Buch ist Cradle to Cradle Certified® auf Bronze-Niveau. Cradle to Cradle Certified® ist eine eingetragene Marke des Cradle to Cradle Products Innovation Institute. Dieses Buch findet seinen Weg ohne Plastikfolie, die es unnötig einhüllt, zu dir – für unsere Umwelt und unsere Zukunft.

Auflage:
4	3	2	1
2027	2026	2025	2024

© 2024
HAYMON verlag
Innsbruck-Wien
www.haymonverlag.at

ISBN 978-3-7099-8227-3

Lektorat: Haymon Verlag / Ilona Mader
Projektleitung: Haymon Verlag / Sarah Wegscheider
Buchinnengestaltung nach Entwürfen von: himmel. Studio für Design und Kommunikation, Innsbruck / Scheffau – www.himmel.co.at
Satz: Dörlemann Satz GmbH & Co. KG., Lemförde
Umschlaggestaltung, Gestaltung von Vor- und Nachsatz: Suse Kopp, Hamburg
Umschlagabbildung: Joanna Czogala / Arcangel
Autorenfoto: Haymon Verlag / Fotowerk Aichner

Gedruckt auf umweltfreundlichem, chlor- und säurefrei gebleichtem Papier.